ドナルド・トランプと共和党の
RE：アメリカ改革

Donald John Trump
Republican Party
United States of America
Conservatives
Manifesto

高島康司＝著 Yasushi Takashima

AGENDA47
PROJECT2025

はじめに

本書は、共和党とそこに所属するドナルド・ジョン・トランプ（Donald John Trump）という人物に注目した内容の本になっているが、トランプという人物がニューヨークの不動産王の億万長者で、テレビのリアリティー番組、「アプレンティス」の主役であったことは有名だ。２０１５年、大統領選挙に立候補を表明する前から彼は超有名人だった。

一方で、意外に知られていないのは、その政治遍歴ではないだろうか。実はトランプの政党の変遷は激しい。１９８７年にマンハッタンで共和党員として登録したが、１９９９年にはニューヨーク独立党、２００１年には民主党、２００９には一度共和党に戻り、２０１１年には無所属、そして、２０１２にはまた共和党に戻っている。

今の民主党陣営との戦いの激しさからは想像もできないが、トランプは2002年から2009年の間に、ヒラリー・クリントンの選挙資金に12回、合計1万6500ドルを寄付し、さらにクリントン財団には自身の財団から10万ドルを寄付。2005年に、トランプがフロリダの別荘で開いたメラニアとの盛大な結婚式にはクリントン夫妻を招待、その交流の様子が「ワシントンポスト紙」にも取り上げられ、トランプ夫妻とクリントン夫妻の友人のような関係を窺《うかが》うことができるのだ。

2004年のインタビューでトランプは、「多くの場合、私は民主党のほうが好きかもしれない。共和党よりも民主党のほうが経済がうまくいっているように見える」とCNNで語っている。また、2015年7月のインタビューでは、自分は幅広い政治的立場を持っており、「民主党にはいくつかのことに共感している」と述べてもいる。

このようにトランプは、政敵であるクリントン夫妻とも実は近い関係にあったほど、政治的な立ち位置を変化させてきた人物だ。この遍歴の歴史を見て、結局トランプは権力がほしいだけのポピュリストで、自身が実現したい政治的な目標や理想はないと断言する論評も多い。確かに、共和党と民主党、そして独立政党に所属を変えてきたトランプの足跡を見ると、そのように見えたとしても当然だろう。

しかしながら、実際はどうなのだろうか。

トランプは大統領選挙に立候補を表明した2015年以前に数冊の本を出版しており、それらの著作には一貫した政治信条が書かれている。強いアメリカの復活、一国主義、保護貿易とグローバリゼーションの否定、不法移民の厳しい排除、強い愛国主義などだ。それらの主張は、前・共和党トランプ政権が行ったこと、そして、今の共和党トランプ陣営が主張していることとさほど変わらない。こうした点を見るならば、トランプは自身の政治信条が実現できる党を求めて、その時々の判断で所属政党を変えてきたのではないか、と私は考えるのである。

そんなブレないトランプの信条とそれに賛同した共和党の陣営の主張がまとめられたのが、

改革プランとしての「アジェンダ47」と「プロジェクト2025」だと言える。もちろん選挙でトランプが勝利すれば政権は改革の実行に努めるだろう。しかし、もしトランプが負けたとしても、今は共和党全体が〝トランプの党〟だといわれるまでになっており、それ以外の派閥が実質的に存在しないような状況のため、次の共和党の大統領候補にこのプランは引き継がれることになるはずだ。

いずれにせよ、どちらの政党が勝利してもアメリカの分断は進み、混乱するに違いない。そして、それはアメリカだけの話にとどまらない。日本も、そして世界中に混乱の影響が伝播する可能性を考えていかなければならないだろう。

最後に、本書で取り上げている内容全般は執筆時点のものであること、また「アジェンダ47」と「プロジェクト2025」については、合わせると900ページを超えるボリュームになったことから、翻訳・要約にあたっては、インターネット上のAIサービス（AI PDF Summarizer：https://smallpdf.com/ai-pdf）を利用したことを記しておく。

INDEX

002 はじめに

010 PART 1 アメリカ社会に漂う不穏な空気と加速する2大政党の対立

026 PART 2 超保守派の世界を実現するための改革プラン「アジェンダ47」と「プロジェクト2025」とは?

052
PART 3
改革公約声明集「アジェンダ47」と
改革実行案「プロジェクト2025」の要旨を読み解く
連邦政府の解体に匹敵する改革

074
PART 4
改革公約声明集「アジェンダ47」と
改革実行案「プロジェクト2025」の要旨を読み解く
アメリカ第一主義を最優先とする外交改革

100
PART 5
改革公約声明集「アジェンダ47」と
改革実行案「プロジェクト2025」の要旨を読み解く
世界という舞台から撤退する孤立主義の改革

PART 6
改革公約声明集「アジェンダ47」と
改革実行案「プロジェクト2025」の要旨を読み解く
規制緩和と市場の活性化、そして金本位制による経済改革
120

PART 7
改革公約声明集「アジェンダ47」と
改革実行案「プロジェクト2025」の要旨を読み解く
中国の台頭を徹底して阻止する改革
148

PART 8
改革公約声明集「アジェンダ47」と
改革実行案「プロジェクト2025」の要旨を読み解く
ジェンダーフリーやLGBTQを廃止、
自治体に公教育の運営を任せる教育改革
164

PART 9
改革公約声明集「アジェンダ47」と
改革実行案「プロジェクト２０２５」の要旨を読み解く
不法入国と国境に関わる改革 186

PART 10
改革公約声明集「アジェンダ47」と
改革実行案「プロジェクト２０２５」の要旨を読み解く
その他の深刻なアメリカの国内問題についての改革 200

PART 11
日本を待ち受ける平坦ではない道 246

おわりに 262

PART 1

アメリカ社会に漂う不穏な空気と加速する2大政党の対立

アメリカ人の半数が抱く、内乱・内戦の予感

2024年になって、とある2つの映画がアメリカで上映された。

1つ目は4月に公開された、アカデミー賞脚本賞にもノミネートされた小説家でもあるアレックス・ガーランドが脚本・監督を務めた『CIVIL WAR』（邦題：『シビル・ウォー アメリカ最後の日』）。

動画配信サイトにアップされていたこの映画の予告編は、3月前半の時点で1000万を超えるアクセスを記録、本編公開後は途端に興行収入1位となった作品だ。

近未来にアメリカで独裁政権が成立、それに離反したテキサス州とカリフォルニア州の分離独立派の民兵組織と政府軍との内戦が急速に激化。アメリカ全土を旅して取材する戦場ジャーナリストの目から、混乱するアメリカを描いている。

▲『シビル・ウォー アメリカ最後の日』
日本語版のポスタービジュアル
https://happinet-phantom.com/a24/civilwar/

『シビル・ウォー アメリカ最後の日』
2024年10月4日（金）
TOHOシネマズ 日比谷ほか全国公開

配給：ハピネットファントム・スタジオ

２つ目は２０２４年1月にサンダンス映画祭で上映された、ジェシー・モスとトニー・ガーバーという監督らによる制作の『War Game』という本格的なドキュメンタリー。「２０２１年1月6日の連邦議会議事堂占拠事件に刺激された退役軍人の組織が、反乱を支持してアメリカ軍の一部が動いていたらどうなっていたのかについてシミュレーションを行っている」という話を2人の監督が聞きつけ、それを元に映画化したといわれている。

実は、この映画にはプロの俳優はひとりも出演していない。キャストは、退役した将軍や前・共和党トランプ政権の元高官、元州知事や上院議員など、実際にホワイトハウスの意思決定の場にいた人々で、元ＮＡＴＯ軍最高司令官のウェズリー・クラーク大将もキャストのひとりだ。場面はすべて、ホワイトハウスのシチュエーション・ルームで展開する。

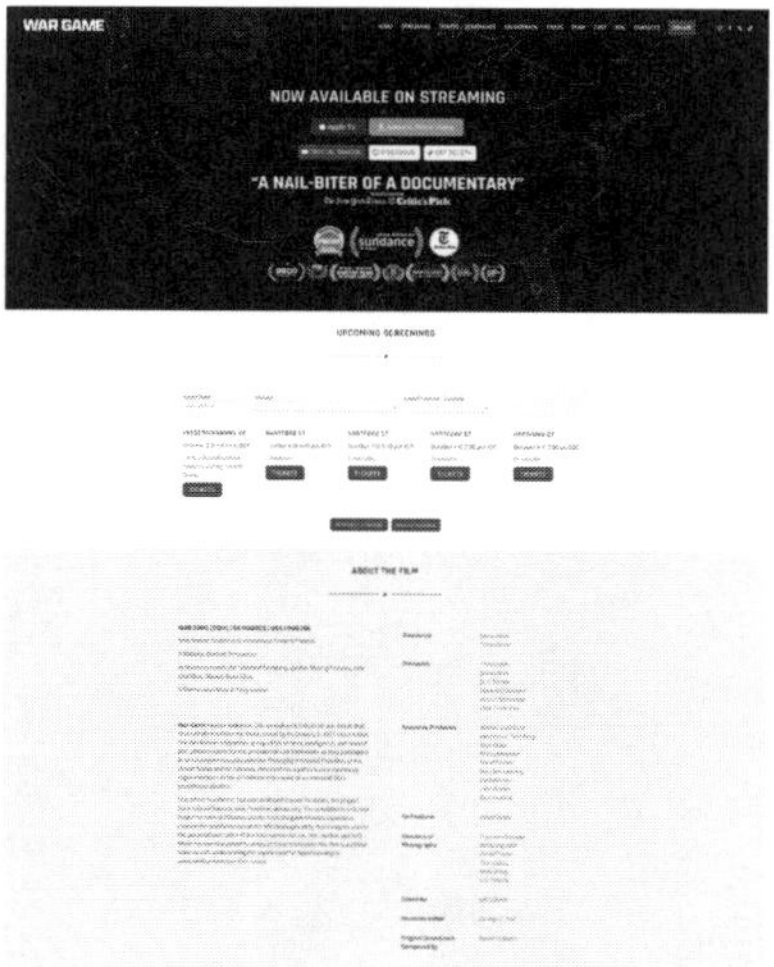

▲『War Game』公式サイトのトップページより
https://wargamefilm.com

どちらも話題になっている作品だが、いずれにも共通しているのは「アメリカ国内での内乱・内戦」というテーマである。

これらが極めて高いリアリティや緊迫感を持ったタイトルとして、特にアメリカ国内で当然のように注目されているのは、共和党を支持する層と民主党を支持する層との間で武力衝突の発生を予感させる雰囲気が、アメリカ国内に広がっていることが大きく関係しているだろう。

全アメリカの人権団体が集まる会議である「市民的および人権的権利に関する指導者会議」（ＬＣＣＨＲ：The Leadership Conference on Civil and Human Rights）によって２０２２年10月13日に公開された調査によると、54パーセントのアメリカ人がこれから4～5年のうちに内戦が始まると信じており、53パーセントがアメリカの民主主義はすでに終わっていると見ているのである。

アメリカ社会全体に流れるこうした不穏な空気は、フィクション映画や陰謀論などの題材になるだけではない。内乱・内戦が現実化する可能性については、歴史学者が指摘するまでになっている。

生態学者かつ歴史学者でもあるコネチカット大学教授のピーター・ターチンは、２０１０年に著した論文で、2020年代にアメリカが分裂する危機に直面すると予測。そしてそれは、2016年のドナルド・トランプの出現、2020年の大統領選挙の大混乱などによって的中したと言える。また、現在のような政治対立が続くと、今後数年でアメリカは内戦の危機に陥る可能性があると警告する。

そして、2023年3月に著した『END TIMES』(英語版)では、すべての社会に当てはまる発展と崩壊の普遍的なサイクルがあることを、過去5000年にわたる社会の盛衰の歴史を数値化したデータの分析で発見した。

その盛衰の循環はこうだ。当初、どの社会も貧富の差は小さく、世代ごとに再生産され増大する支配エリートには、身分に見合う十分な数の社会的地位が高いポストが用意されている。しかし、高い経済成長の時期が終わり、社会的な格差が拡大す

▲『END TIMES』
(著:Peter Turchin、発行:Penguin Press)の表紙
https://peterturchin.com

ると、社会は革命期に向かう。このとき、社会の下層の人々の憤懣《ふんまん》とストレスが充満し、さらに満足のいく社会的地位を得られない過剰なエリートが、下層階層の憤懣を代表した運動を主導する。この動きが始まると、破壊的な革命運動に発展するのだという。

危機を解決するためには、支配エリートである富裕層の徹底的な妥協しかない。所得の再配分を行うシステムを導入し、社会的格差を縮小させる。すると社会的ストレスが低下するので、革命と崩壊は回避できる。１９３０年代のニューディール政策は富裕層の協力と指導で始められ、所得の再配分に成功した。一方、南北戦争はこれに失敗して内戦になった代表的なケースだ。

ターチンが言うには、今アメリカは際どい瀬戸際に立っているという。それというのも、共和党全体がトランプの党に変質したからだ。この変化を最もよく表しているのが、かつての共和党トップであり、エスタブリッシュメントの党であった共和党を代表する人物、ミッチ・マコーネル院内総務の役職からの引退である。

アメリカの2大政党、共和党と民主党を支持する層の変遷

ここで、共和党と民主党というアメリカの2大政党の支持層の変化について少し触れておこう。

日本ではいまだに、「資本家を代表し、市場の合理性を尊重して小さな政府を主張する共和党」と「労働者や人種的マイノリティー、さらに社会的弱者の利益を代表し、所得再配分を行う大きな政府を主張する民主党」との対立によって、アメリカの政治が運営されていると見られている。

確かにこの構図は、南北戦争が終結した1865年から1990年代の初めくらいまではそうであった。しかし、ブッシュ(父)政権が終わり、クリントン政権が成立した1992年頃から、徐々にではあるが共和党は本質的に変質する道を辿《たど》ることになる。

クリントンとブッシュ(父)の大統領選挙が行われていた1991年、大統領だったブッシュの人気は余り高くなく、再選が危ぶまれる状況だった。これに危機感を感じた共和党は、新たな支持層の開拓に躍起になる。そこで彼らが目を付けたのは、キリスト教原理主義の福音派であった。

福音派の人々はアメリカで約８０００万人いるとされているが、彼らは大統領選挙には投票していなかった。それというのも、福音派はハルマゲドンを信じ、世界最終戦争の後に神が降臨して千年王国ができると確信しており、リアルの政治に関わることは無意味だと考えていたからだ。そのため投票行動そのものに対して非常に消極的であった。

そのような福音派に目を付けたのが、苦戦するブッシュ陣営の共和党であった。福音派教会に接近し、ハルマゲドンの条件を実現するためには政治と関わることが必要であり、大統領選挙では共和党に投票するように説得した。福音派は説得に応じ、雪崩《なだれ》を打ったように選挙に参加。共和党候補を積極的に応援するようになる。

しかし、聖書を字句通りに信じ、あらゆる出来事に神の働きを見る福音派の流入は、伝統的な富裕層の保守派で基本的には合理的な共和党の支持層を震えさせた。英語には、軽蔑の意味を込めた「ジーザス・フリーク」(熱狂的なキリスト教信者)という言葉がある。まさにその言葉に合致する人々が、いきなり現れたのだ。これに恐怖した伝統的な共和党の支持層の一部は民主党に投票し、１９９２年の選挙ではクリントンが圧勝することになる。

これ以降、民主党にはアメリカ経済を代表する資本家層が中心的な支持層として加わった。

移民の流入に寛容な有色人種や労働者の党に、なぜ資本家層が加わったのか奇妙に感じるかもしれない。だが、移民の流入は資本家層の利害に合致するのである。

アメリカの企業は、労働組合の交渉力を弱め、なおかつ賃金を安く抑えることが利益を増大させるための重要なカギだと見ている。安い労働力の供給源となる移民の流入を促進すると、賃金の伸びを抑えることができるだけではなく、白人労働者との人種的な対立から労働組合の結集力は弱くなる。これはアメリカ資本の大きな利益となるのだ。

この結果、有色人種の労働者と資本家が、同じ民主党を支持することになった。ターチンは、1パーセントの富裕層と90パーセントの中間層、そして、９パーセントの有色人種層と貧困層が同居した政党になってしまった、と言っている。

そして、共和党はというと、そこにいる福音派の信者の多くは、白人の労働者層であった。この層の周辺には、リバタリアンや白人至上主義者、また「ＫＫＫ(Ku Klux Klan《クー・クラックス・クラン》)」、さらに「ネオナチ」のような極端なイデオロギーに寛容なグループもおり、そうして共和党は彼らの政党になった。２００1年には福音派を支持基盤としたブッシュ政権が誕生。さらに、２００９年に盛り上がったティーパーティー運動などを通して福音派との関係はさらに強まり、共和党はキリスト教の白人労働者を基盤とした党に変質したのである。

少し前に記した、共和党の重鎮、ミッチ・マコーネル上院議員の院内総務からの引退は、共和党にエスタブリッシュメントの勢力がほとんどいなくなったことを表している。一方民主党は、共和党から移ってきたエスタブリッシュメントが右派の勢力を形成し、左派は少数民族や移民、そして高学歴の若い専門家層が集まるというアンバランスな党になった。このため右派と左派は同じ党とは思えないほど分裂し、右派左派とも受け入れ可能な、穏健で中道派の政治家がほとんどいなくなってしまった。議会経験の長いバイデンくらいしか中道派がいなかった、というわけである。

共和党最大の支持母体となったナトコンと彼らが理想とする国家・社会

共和党のこうした傾向は選挙のたびに強まり、ターチンが指摘したように、現在では完全に「ナトコン（National Conservativeの略）の党」かつ「トランプの党」になったといわれている。トランプの支持母体は、中西部の「ラストベルト」と呼ばれる地域にいる、グローバリゼーションの波に乗り遅れ、没落した労働者層であるとされるが、この層をもっと具体化するなら、キリスト教原理主義の福音派と、その中核の高卒の白人労働者層だ。今彼らは、ナトコンと呼ばれる、アメリカの全地域に広がる勢力となっている。

共和党を実質的に乗っ取ったナトコンがどういう層の人々なのか、もう少し見てみよう。
2023年3月に、トランプの支持層を明らかにするためCNNが行った調査から、次のことが分かった。

〈 共和党トランプ陣営の支持層 〉

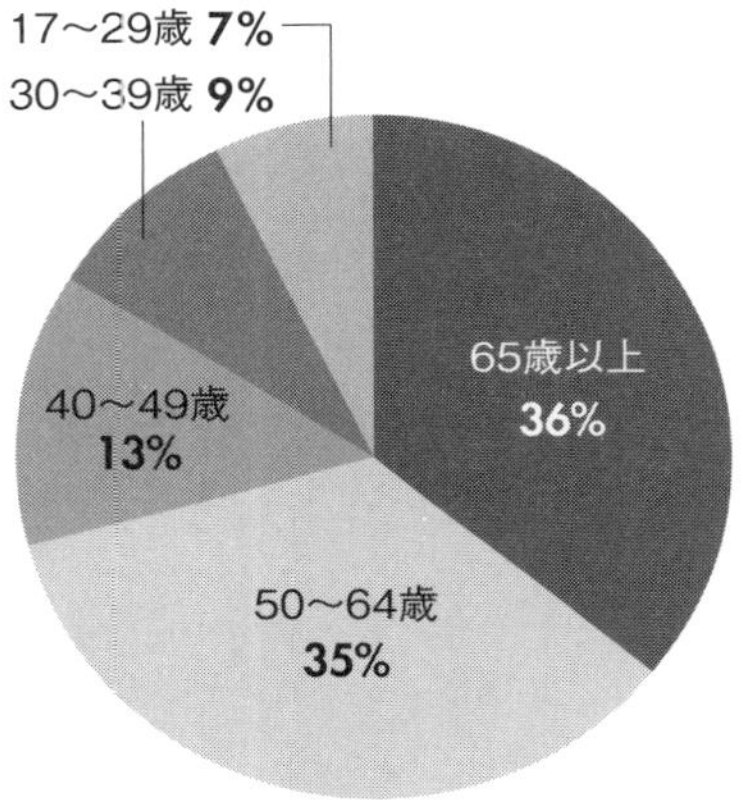

① 支持層の年齢

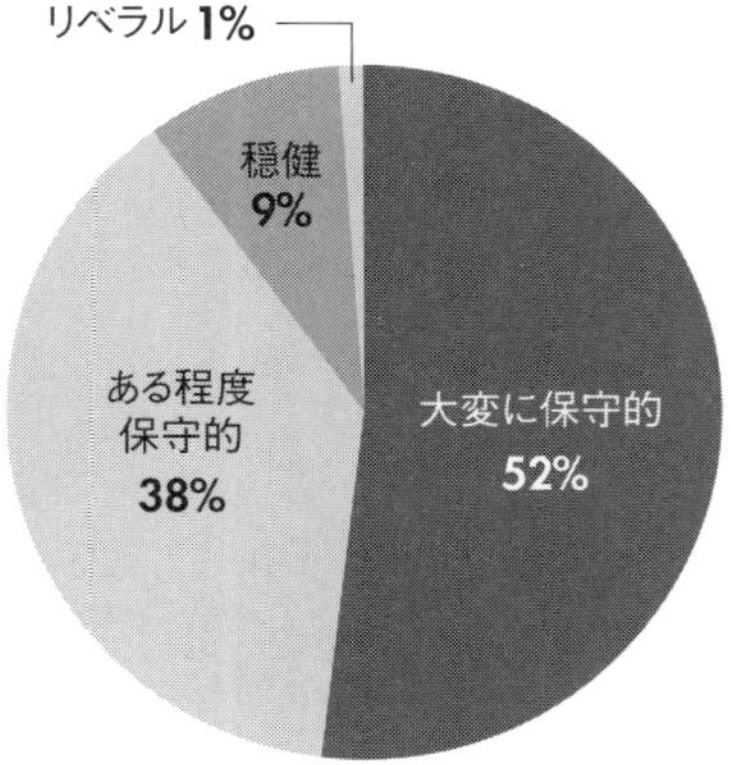

② 政治的志向

③ 学歴
高卒者の割合が大卒者を25パーセント上回る。

これを見ると一目瞭然だが、トランプと共和党の支持層がよく分かる。支持層の84パーセントが、恐らく高卒の中高年の労働者だ。彼らは、まだアメリカの中間層がグローバリゼーションで解体されておらず、豊かに暮らせていた時代の記憶を強く持っている人々で、保守的な国家観の担い手だ。

そんな彼らが信じるのは、Qアノンに代表されるアメリカで広く信じられているようなディープな陰謀論が出現する背景と重なると同時に、18世紀のアメリカの建国以来、アメリカの自己認識として保守層のマインドの深層に定着した理想的な社会像でもある。これは、民主党などのリベラル層の信じるアメリカの社会像とは根本的に対立する関係にある。

ナトコンの理想とする社会で最も特徴的なのは、それがキリスト教の倫理と信仰を基盤にしている点だ。彼らの考えでは、アメリカという国家は、創造主によって自由が与えられ、その自由を行使することで最大限の幸福の追求を目的に行動する個人が集まって形成した共同体で、この共同体を構成する最小単位は、自由な成人男女とその子どもたちが形成する家族だ。もちろん家族も、キリスト教の倫理と信仰に基づいて行動することが原則となっている。

アメリカは、農業と手工業による自給自足的な共同体を中心とした社会であり、そこでは、政治、経済、社会福祉、教育、司法、防衛など、社会を維持していくために必要なあらゆる制度はすべて共同体が自分たちで担うことを原則としていた。

そうした共同体の中核は家族であった。基本的に家族は、生産や教育、そして防衛を各人が行い、自分の生活を維持するためのもっとも重要な拠点であった。家族は元々自立した単位であり、多くの家族が共通の利害に基づいて共同体を運営したのである。

これは、家族が共同体に従属していた多くのヨーロッパ諸国とは異なる特徴である。アメリカの家族は自立した社会の原型であり、自立した家族の集合体が村や町だったのだ。

そして、そこから、地域の政治と経済を運営する地域共同体が形成され、この地域共同体がまた結集して州政府を作る。よって、政治経済を含め社会に関わる問題のすべては、家族、地域共同体、州政府のローカルな秩序によって管理・運営されるべきで、国家レベルの上位組織はもともと必要がないと彼らは考える。

連邦政府の機能は、外交と軍事という対外的な国際関係の場で、アメリカという国家の利害を代表する機能だけに限定されなければならない。軍事もこの中に入る。だが、社会を維持するその他の機能は、州を最大の単位とする地域共同体が担うべきだとする。もちろん家族から州政府まで連なる地域共同体の秩序を貫く規範は、キリスト教の価値と倫理である。

この社会像に最も近いのは、18世紀の啓蒙思想の「夜警国家」(政府が人々への干渉を最低限にとどめた政治のあり方)の概念だろう。

この社会像の特異性は、民主党を中心とするいわゆるリベラル層の考え方と対比すると鮮明になる。リベラル層は、アメリカという国家は世界最大の経済力と政治力を持つ巨大な国家であり、それを18世紀の牧歌的な地域共同体の秩序で管理・運営することは幻想にすぎず、不可能と見る。

アメリカには、その巨大な社会と政治経済システムの円滑な機能を保証するための管理組織が必要で、それこそが連邦政府となる。連邦政府は、所得の再配分による社会的格差の是正、市場の競争原理を正常に機能させるための様々な規制の導入、地球温暖化と環境汚染を抑制するための規制など、あらゆる分野の多様な政策を実施することで、州単位の地域共同体を含めたアメリカという国家を適切に管理する。国の規模からして、大きな連邦政府の存在なしではアメリカは機能しない、という考えだ。

無論、リベラル層のこのような国家観は、ナトコンが許容できるものではない。

ナトコンの視点からすると、現代のアメリカが抱えるほとんどの問題、例えば、伸びが著しい犯罪率、コントロール不能な暴力、人種間対立、格差と貧困、そして社会の分断などは、社会の基本的な構成単位であるキリスト教の倫理に基づいた家族と地域共同体が、自分たちの利害を実現するために支配エリートが連邦政府を使って課した様々な規制によって、崩壊の淵に追い込まれたことにある。

よって、アメリカを再生させるためには、連邦政府の官僚機構を解体して、家族と地域共同体を抑圧から解放し、これを強化しなければならない、ということになるわけだ。

このような様々なアジェンダ（議題）を明確に示し、ナトコンの層が聞くとスカッとするような過激な言葉で語りかけているのが、共和党のドナルド・トランプとその陣営。そして、それらについてまとめられたドキュメントが、いわゆる改革公約声明集と呼べる「アジェンダ47」と、改革実行案的な位置付けにある「プロジェクト2025」なのである。

これらの文書は、連邦政府を支配エリートの単なる道具として見るナトコンからQアノンのような陰謀論者、そして白人至上主義者や武装民兵組織などの超保守系の幅広い層が賛同できる内容になっている。

改革公約声明集「アジェンダ47」と改革実行案「プロジェクト2025」とは何なのか、次のパートでもう少し詳しく眺めていこう。

PART 2

超保守派の世界を実現するための改革プラン「アジェンダ47」と「プロジェクト2025」とは？

「アジェンダ47」と「プロジェクト2025」は、一部の限られた人間だけが知っている、といった類いの文書ではない。誰でも閲覧できるインターネット上に公開されているドキュメントである。もし共和党のトランプ陣営が何をしようとしているのか知りたいと思ったなら、この2つの文書を読めばいい。
もちろんハリスやバイデンが属する民主党にも「The Democratic Party Platform, 2024」（民主党綱領、2024年）といった公文書は存在しているのだが、その内容は現在の政策をそのまま継承している様子で、そこに新しさは見られない。

対して、共和党の「アジェンダ47」と「プロジェクト2025」に記されている内容は非常に過激だ。今回、私がこの2つに注目し筆を執ったのは、実際にこれらに目を通してみて、その内容が単なる政策集で終わるものではなく、アメリカという国の「国体」が変わるくらいの〝革命〟に近い内容だという衝撃を受けたためである。

まずは、それぞれの文書がどういったものなのか説明していこう。

「アジェンダ47」について

「アジェンダ47（Agenda47）」は、2022年から、サイト「Donald J. Trump」上で徐々に公開されてきた、共和党のトランプによる、いわば改革公約声明集である。〝47〟という数字は、次期大統領が第47代目になるところに由来している模様で、共和党のトランプが第47代アメリカ大統領に選出された際に実施しようとしている政策の詳細を述べたものとなっている。トランプのスピーチ中の動画をメインに、陣営による要旨、トランプ自身による声明文の書き起こし（トランスクリプト）といったものが掲載されており、順次新しい公約が加えられてきた。

２０２４年７月８日、大統領選挙に向けて「共和党綱領案」が発表されたが、内容は「アジェンダ47」を下地にしている。「綱領案」は「アジェンダ47」の短縮版だと言えるだろう。

執筆者名は特に公開されていない。どの項目もトランプが行った声明をまとめたものなので、トランプの存在を前面に出すための処置だろうと思われる。

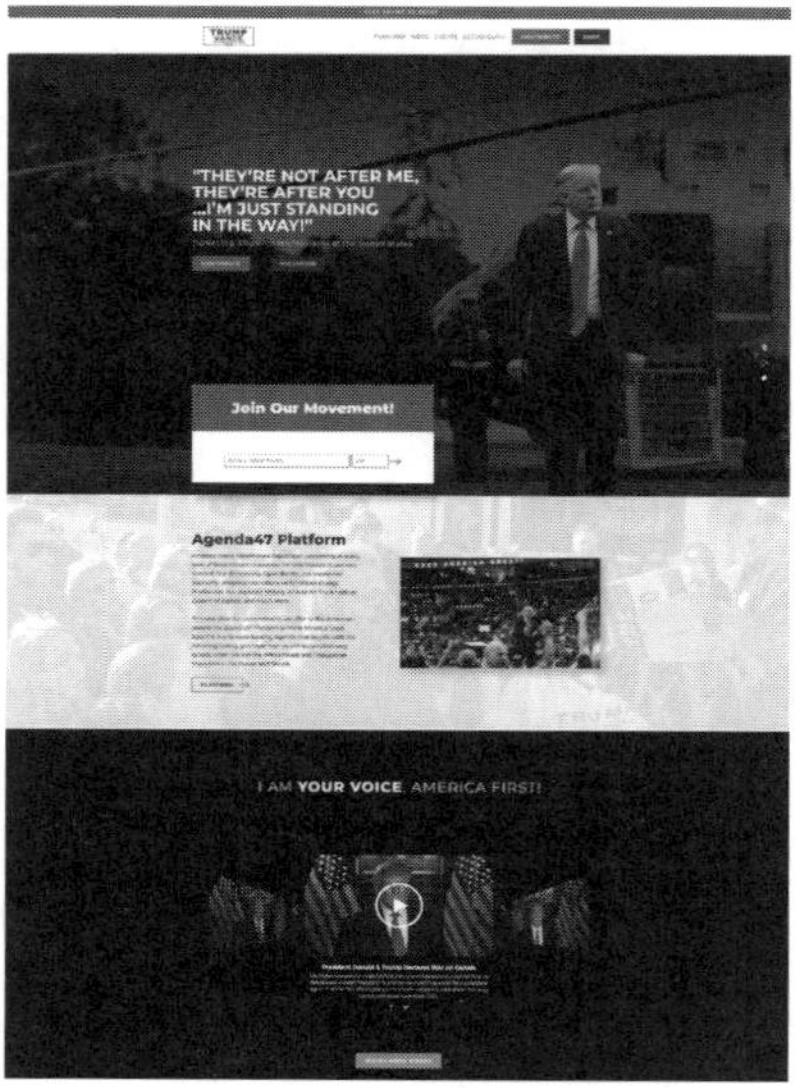

▲HP「Donald J. Trump」のトップページより
https://www.donaldjtrump.com/

「WATCH MORE VIDEOS」のボタンからアジェンダ47のページ（https://www.donaldjtrump.com/agenda47/）にジャンプすることができる

なお、執筆時点で確認できた「アジェンダ47」は掲載日順に次のようなものとなっている。

① President Donald J. Trump — Free Speech Policy Initiative ——— **PART 10**
ドナルド・トランプ — 言論の自由政策イニシアティブ
December 15, 2022

② Total Ban on Taxpayer Dollars Used to Free Illegal Aliens and Criminal Penalties for Administrative Noncompliance ——— **PART 9**
不法滞在外国人の釈放に使われる税金の全面禁止と行政不履行に対する刑事罰
December 21, 2022

③ President Donald J. Trump Calls for Probe into Intelligence Community's Role in Online Censorship ——— **PART 5**
オンライン検閲における情報機関の役割について調査を要請
January 11, 2023

④ President Trump Will Stop China from Owning America —— PART 7
ドナルド・トランプは中国のアメリカ支配を阻止する
January 18, 2023

⑤ We Must Protect Medicare and Social Security —— PART 10
メディケアと社会保障を守ろう
January 20, 2023

⑥ President Trump's Plan to Save American Education and Give Power Back to Parents —— PART 8
アメリカの教育を救い、保護者に力を取り戻すドナルド・トランプのプラン
January 26, 2023

⑦ President Trump's Plan to Protect Children from Left-Wing Gender Insanity —— PART 8
左翼のジェンダーの狂気から子どもたちを守るドナルド・トランプの計画
February 01, 2023

⑧ President Trump Calls for Immediate De-escalation and Peace ―― PART 4
ドナルド・トランプ、即時の停戦と和平を求める
February 01, 2023

⑨ President Trump Will Build a New Missile Defense Shield ―― PART 5
ドナルド・トランプは新たなミサイル防衛シールドを構築する
February 02, 2023

⑩ Stopping Chinese Espionage ―― PART 7
中国のスパイ活動を阻止する
February 03, 2023

⑪ President Trump on Making America Energy Independent Again ―― PART 4
ドナルド・トランプ、アメリカを再びエネルギー自立国にするために
February 09, 2023

⑫ President Trump Announces Plan to End Crime and Restore Law and Order — PART 10
ドナルド・トランプ、犯罪撲滅と法秩序の回復に向けた計画を発表
February 20, 2023

⑬ President Trump Announces Plan to Stop the America Last Warmongers and Globalists —— PART 3
ドナルド・トランプ、アメリカ最後の戦争屋とグローバリストを阻止する計画を発表
February 22, 2023

⑭ President Trump Continues to Lead on Protecting Americans from Radical Leftist ESG Investments —— PART 6
ドナルド・トランプ、急進左派のESG投資からアメリカ人を守るために先頭に立ち続ける
February 25, 2023

⑮ President Trump's New Trade Plan to Protect American Workers —— PART 4
アメリカの労働者を守るドナルド・トランプの新通商計画
February 27, 2023 (https://www.donaldjtrump.com/agenda47/agenda47-president-trumps-new-trade-plan-to-protect-american-workers)
※類似する内容のため㉞に統合し割愛。

⑯ Reclaiming America's Independence by Slashing Biden's Disastrous Trade Deficits ———— PART 7

バイデンの悲惨な貿易赤字削減でアメリカの独立を取り戻す

February 28, 2023

⑰ Reversing Biden's EO Embedding Marxism in the Federal Government ———— PART 10

連邦政府にマルクス主義を埋め込むバイデンの大統領令を撤回せよ

March 02, 2023

⑱ A New Quantum Leap to Revolutionize the American Standard of Living ———— PART 6

アメリカの生活水準を革新する新たな量子的飛躍

March 03, 2023

⑲ Preventing World War III ———— PART 3

第3次世界大戦を防ぐ

March 16, 2023

⑳ Joe Biden Has Been a Disaster for the Economy —— PART 6
ジョー・バイデンは経済に大失敗をもたらした
March 17, 2023

㉑ Ending Biden's War on the Suburbs That Pushes the American Dream Further from Reach — PART 10
アメリカンドリームをさらに遠ざけるバイデンの郊外戦争に終止符を打つ
March 20, 2023

㉒ President Trump's Plan to Dismantle the Deep State and Return Power to the American People —— PART 3
ディープステートを解体し、アメリカ国民に権力を取り戻すための
ドナルド・トランプの計画
March 21, 2023

㉓ Firing the Radical Marxist Prosecutors Destroying America —— PART 10
アメリカを破壊する過激派マルクス主義検察官を解雇せよ
April 13, 2023

㉔ Liberating America from Biden's Regulatory Onslaught —— PART 3
バイデンの規制猛攻撃からアメリカを解放する
April 16, 2023

㉕ Ending the Nightmare of the Homeless, Drug Addicts, and Dangerously Deranged —— PART 10
ホームレス、薬物中毒者、危険な精神異常者の悪夢を終わらせよう
April 18, 2023

㉖ Day One Executive Order Ending Citizenship for Children of Illegals and Outlawing Birth Tourism —— PART 3
就任初日の大統領令～不法入国者の子どもの市民権を抹消し、出生観光を違法化する
May 30, 2023

㉗ Celebration of 250 Years of American Independence at the Iowa State Fairgrounds —— PART 9
アイオワ州フェアグラウンドでアメリカ独立２５０周年を祝う
May 31, 2023

㉘ Ending the Scourge of Drug Addiction in America —— **PART 10**
アメリカにおける薬物中毒の惨劇を終わらせる
June 06, 2023

㉙ Addressing Rise of Chronic Childhood Illnesses —— **PART 10**
小児慢性疾患の増加への対応
June 06, 2023

㉚ Using Impoundment to Cut Waste, Stop Inflation, and Crush the Deep State — **PART 3**
無駄を省き、インフレを止め、ディープステートを潰すために国庫納付金を使う
June 20, 2023

㉛ Cementing Fair and Reciprocal Trade with the Trump Reciprocal Trade Act — **PART 4**
トランプ互恵通商法で公正な互恵通商を定着させる
June 21, 2023

㉜ Protecting Students from the Radical Left and Marxist Maniacs Infecting Educational Institutions —— **PART 8**
教育機関に蔓延《まんえん》する急進左翼とマルクス主義マニアから学生を守れ
July 17, 2023 ※2023年5月2日付けの同タイトルの声明（https://www.donaldjtrump.com/agenda47/agenda47-protecting-students-from-the-radical-left-and-marxist-maniacs）はほぼ重複する内容のため本項に統合し割愛。

㉝ Rebuilding America's Depleted Military —— **PART 5**
疲弊したアメリカの軍隊を再建する
July 18, 2023

㉞ Rescuing America's Auto Industry from Joe Biden's Disastrous Job-Killing Policies —— **PART 4**
ジョー・バイデンの雇用を奪う政策からアメリカの自動車産業を救え
July 20, 2023

㉟ President Trump Calls for Death Penalty for Human Traffickers —— **PART 10**
ドナルド・トランプ、人身売買犯に死刑を求刑
July 21, 2023

㊱ Returning Production of Essential Medicines Back to America and Ending Biden's Pharmaceutical Shortages —— PART 10

必須医薬品の生産をアメリカに戻し、バイデンの医薬品不足に終止符を打つ

July 24, 2023

㊲ America Must Have the #1 Lowest Cost Energy and Electricity on Earth —— PART 4

パリ協定からの離脱、地球温暖化の否定

September 07, 2023

㊳ President Trump's Ten Principles For Great Schools Leading To Great Jobs —— PART 8

ドナルド・トランプが掲げる「偉大な雇用につながる偉大な学校のための10原則」

September 13, 2023

㊴ President Trump's Pledge to Homeschool Families —— PART 8

ドナルド・トランプのホームスクールファミリーへの公約

September 14, 2023

㊵ President Trump's Message to America's Auto Workers —— PART 4
ドナルド・トランプが全米自動車労組に宛てたメッセージ
October 23, 2023（https://www.donaldjtrump.com/agenda47/president-trumps-message-to-americas-auto-workers）
※類似する内容のため㉞に統合し割愛。

㊶ The American Academy —— PART 8
アメリカン・アカデミーの設立
November 01, 2023

㊷ No Welfare for Illegal Aliens —— PART 9
不法滞在外国人に生活保護を支給しない
November 01, 2023

㊸ Ending Veteran Homelessness in America —— PART 10
アメリカにおける退役軍人のホームレス問題に終止符を打つ
November 01, 2023

㊹ President Donald J. Trump Declares War on Cartels
ドナルド・トランプ、カルテルに宣戦布告
December 22, 2023

本書では、「アジェンダ47」のこれらの項目を8つのテーマに分類し、トランスクリプト部分を和訳、それに対して補足を述べていく。なお、ドキュメント内のトランプ大統領やそれに類する呼称については、ドナルド・トランプで統一した。

「アジェンダ47」は、大統領選のキャンペーンとして用意されたものであり、一部が実行されることはあっても、多くはスローガンのようなものにすぎない、という見方をするメディアも中にはある。

確かに、2016年の大統領選挙戦でトランプは「沼地から水を抜く(Drain the Swamp)」ことを目指し、腐り切ったワシントンの政界と官僚機構の浄化を誓ったが、実際に政権が発足

した後もその実現は困難であり、威勢がよいだけのトランプのスローガンにとどまった。

しかし、それは当時、改革案のプランナーには、極右の活動家であり、扇動家のスティーブ・バノンしかおらず、政策を実現するための詳細なプランをトランプ陣営は持っていなかったためだと思われる。

けれども今回は、「沼地から水を抜く」ための詳細なプランが用意されている。それがこの「アジェンダ47」と、次に紹介する「プロジェクト2025」である。

「プロジェクト2025」について

「プロジェクト2025（Project2025）」とはそもそも、「ヘリテージ財団」と呼ばれる組織が主導（※1）となって、保守派の大統領選出に備えるために、2022年4月に設立されたプロジェクトの名称である。

2022年から、サイト「Project 2025 — Presidential Transition Project」（www.project2025.org）で、900ページを超える行政文書・政策提言集「Mandate for Leadership: The Conservative Promise（リーダーシップの使命：保守派の約束）」として公開されており、本書ではこのドキュメントを含めて「プロジェクト2025」と呼んでいる。

ヘリテージ財団とは、1973年に設立された首都ワシントンに本部を置く保守系シンクタンクだ。企業の自由、小さな政府、個人の自由、伝統的なアメリカの価値観、国防の強化などを掲げ、歴代の政権の政策に影響を与えるべく、頻繁に政策提言を行っているが、2017年に始まった前・共和党トランプ政権では、あらゆる方面を網羅した政策の多くがヘリテージ財団によって立案されている。共和党の政権ではヘリテージ財団の研究員が閣僚になるケースも多い。

実は「プロジェクト2025」は、「アジェンダ47」と相互に関係のない別個なものとして発表されており、事実トランプは、プロジェクト2025について「何も知らない」と述べ、「その背後にいる人物について見当もつかない」と語っている。

しかしトランプの発言は、この文書に対する民主党の激しい攻撃と非難をかわすためのもので、実際には「プロジェクト2025」と「アジェンダ47」には深いつながりがあると見ていいだろう。

それというのも、「プロジェクト2025」は、34人の執筆者と2人の編集者によってまとめられているが、これら36人のうち、前・共和党トランプ政権の元高官や、「政権移行チーム」と呼ばれているトランプの選挙キャンペーンチームのメンバーが17人にも及んでいるからだ。その中には、トランプが「環境保護庁（EPA）」「内務省」「連邦エネルギー規制委員会」のメンバーに任命した人物も含まれている。このように関係者・執筆者の多くは熱烈なトランプ支持者、あるいはトランプと密接な人物ばかりだ。

これをまとめたヘリテージ財団は、このプロジェクトが、特定の大統領候補のために書かれたものではないとして、トランプの支持を明確にしていない。また、共和党のトランプ陣営も、この計画を支持することでまだ党内に残る穏健な共和党員の支持を失うことを懸念しているためか、「プロジェクト２０２５」についての明確な言及は避けている。しかし、共和党のトランプ陣営に向けてまとめられたドキュメントであることは、明らかなように見えるのである。

これを証明するかのように、ワシントン・ポスト紙は、ヘリテージ財団のケビン・ロバーツ会長が同紙に対し、トランプとこの件について個人的に話したと語ったと報じた。「このプロジェクトにおける私の役割は、『プロジェクト２０２５』に関するブリーフィングのオファーに応じた候補者全員に、私から説明を行うようにすることだった」と彼は述べ、さらに、２０２２年のプライベートジェット機内でトランプとロバーツが一緒に写っている写真も公開された。トランプは同財団の年次会議で基調講演も行っている。

また、「プロジェクト２０２５」の内容を見ていくと、すべてではないものの「アジェンダ47」の項目にほぼ対応していることから、「アジェンダ47」をまとめた人々は、「プロジェクト２０２５」の執筆者や編集者でもあると見るのが自然だ。

2つは連動しており、改革公約声明集としての「アジェンダ47」を実現するためにどうするのか、その手順と方法の細目についてまとめられたドキュメントが、具体的な改革実行案としての「プロジェクト２０２５」だと捉えると非常にしっくりくる。

「アジェンダ47」だけでは単なるスローガンとして見ることもできたが、「プロジェクト

2025」という存在があり、この2つが連動することによって、途端に改革の内容が現実味を帯びてくる、というわけである。

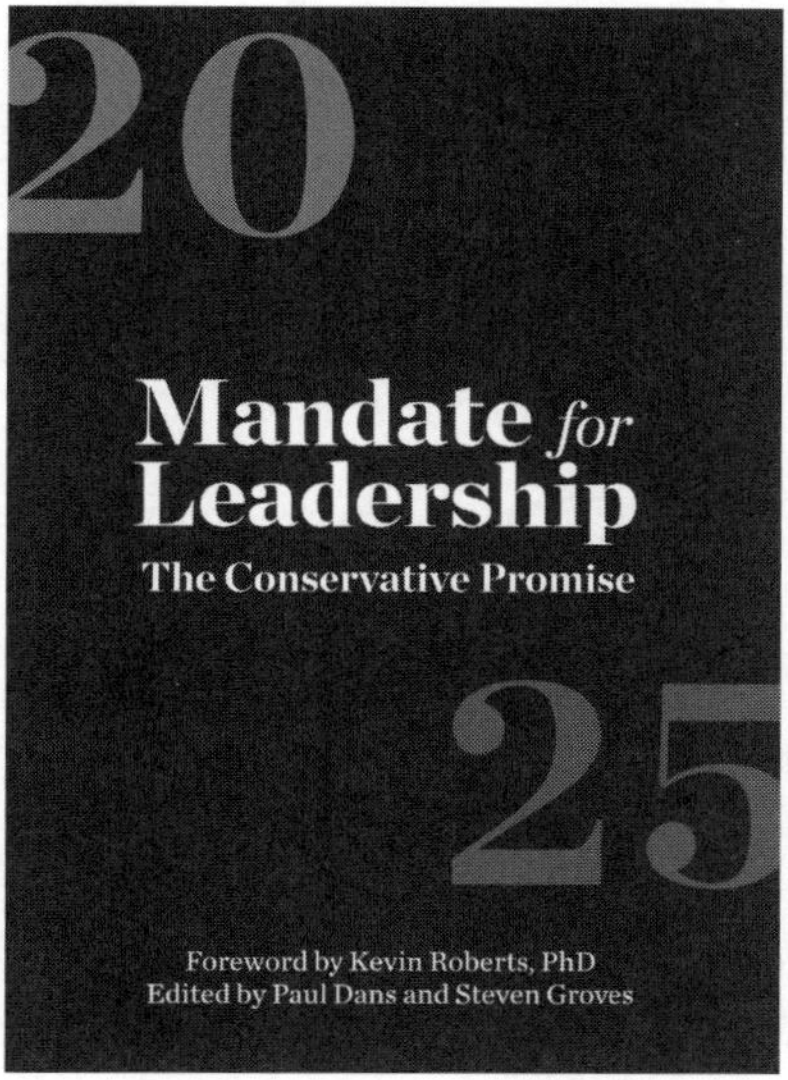

▲「プロジェクト2025」についてまとめられた「Mandate for Leadership: The Conservative Promise」の表紙
https://www.project2025.org/policy/

900ページ以上あるPDFをサイトから無料でダウンロードして、誰でも読むことが可能。製本版も有料で販売されている。改革政権の高官候補者となる人材リストの他、「大統領行政アカデミー」(※2)と呼ばれるオンラインコースや、政権移行計画策定の手引きなども付随している。

「プロジェクト2025」は膨大なボリュームのため、本書では、「アジェンダ47」と特に強く結び付く、いくつかの項目をテーマごとに取り上げ、関連する部分をダイジェストして紹介する。

※1
プランの策定は、ヘリテージ財団の主導のもと、チャーリー・カーク率いる「ターニングポイントUSA」、マーク・メドウズ元トランプ大統領首席補佐官をシニアパートナーとする「保守パートナーシップ研究所」、共和党トランプ政権の元行政管理予算局長のラッセル・ヴォートが率いる「アメリカ再生センター」、スティーブン・ミラー元トランプ大統領上級顧問率いる「アメリカ・ファースト・リーガル」など、約80のパートナーとの共同作業で進められている。

※2
ワシントンの官僚こそアメリカのエリート支配を永続化している諸悪の根源だとして、5万人の公務員を解雇し、新たにトランプが政治任命した公務員に入れ替えることを約束している。「大統領行政アカデミー」とは、こうした政治任命の公務員を募集し、訓練するためのオンラインコースである。「大統領アドミニストレーション・アカデミーは、次期保守政権の初日に即応できるよう、将来の政治任用者を今から準備し、装備するためにデザインされた、他に類を見ない教育的スキル構築プログラムである。このアカデミーを受講することで、任命候補者は、破壊的な政策を直ちに撤回し、連邦政府において保守的な考えを推進するための洞察力、背景知識、統治に関する専門知識を身に付けることができる」とサイト（https://www.project2025.org/training/presidential-administration-academy/）にはあり、すでに多くの人々が応募し、研修が進んでいる。

2つの改革プランの影響を把握し将来的なアメリカの混乱と日本への影響に備える

ここまでを眺めると、改革公約声明集「アジェンダ47」と改革実行案「プロジェクト2025」が、共和党のトランプが大統領に就任したときのために用意されたものだということが分かるだろう。

では民主党が勝利したとき、これらの改革プランの有効性は無くなると見てよいのだろうか。いや、実は全くそうではない。

先述したが、歴史学者のターチンが言っていたように、共和党はナトコンの党かつトランプの党へと変質した。トランプはすでに共和党を実質的に支配し、「アジェンダ47」と「プロジェクト2025」は広範な支持を得ていると考えられる。

アメリカに生きる庶民のストレスは半端ではなく、臨界点に達しつつある。2016年や2020年の大統領選挙時よりも高いと見て間違いない。この庶民に溜《た》まったストレスを反映した改革プランこそ、「アジェンダ47」と「プロジェクト2025」の2つなのだ。そのため、万が一民主党が勝利した場合でも、共和党はあらゆる手段を尽くしてこのプランの実行を迫るだろう。

今後、トランプに代わる可能性のある、次のリーダーの候補もすでに存在している。プーチンにインタビューして大変に話題になった、元FOXニュースのキャスター、タッカー・カールソンという人物の人気は、すでにトランプを凌駕《りょうが》しているともいわれているようだ。

しかし、「アジェンダ47」と「プロジェクト2025」は単なる改革案というよりも、アメリカを18世紀の建国当時の社会に引き戻すことを目標にしたプランと言ったほうがいい内容だ。世界最大の経済力と政治力を持つスーパーパワーで、複雑なシステムを持つアメリカが、このような過去の社会の概念によって運営できるとは到底考えられないと思われても仕方がない。

事実、民主党を中心としたリベラル層からの「アジェンダ47」と「プロジェクト2025」に対する非難と批判は相当に激しい。

「『プロジェクト2025』は彼らの脚本である。彼らはキリスト教の倫理を守る戦争に従事しており、その立場に妥協することはない。選挙で彼らの力が強まれば、彼らはすべてのアメリカ人をキリスト教ファシストの統治下に置き、彼らの狭い聖書解釈から引き出された法律の下で暮らすことを強制するだろう。民主主義は神権政治に取って代わられるだろう。アメリカの民主主義が250年を迎えるためには、そうならないようにすることが私たちの権利であり、責任である」

（アンドラ・ウォーキンズ、ジャーナリスト）

「『プロジェクト2025』は、極右的なアジェンダを一般のアメリカ国民に押し付けるためのものである」

（トニー・カーク、Accountable.USのエグゼクティブ・ディレクター）

「懸念材料は、行政国家の解体案である。『プロジェクト2025』では行政国家を、民主的に選出された立法府ではなく、「連邦政府のすべての部局、機関、数百万人の職員からなる官僚機構によって行われる政策立案業務」と定義している。行政国家は大統領による規律から議会によって誤って守られているとし、これは大量解雇や腐敗した部局の閉鎖によって是正できると主張している。批評家たちは、この提案は大統領権限の不適切な拡大だと指摘している」

（ローレル・デューガン、ジャーナリスト）

「アジェンダ47」と「プロジェクト2025」は福音派とその母体の高卒白人労働者層、そして保守派の世界観を実現するための改革プランである。逆に共和党が勝利し、このプランを本格的に実行しようとするなら、反対側のリベラル層は命懸けで抵抗するだろう。

このように見ると、共和党と民主党、両陣営の得票差が僅差だった場合、どちらが勝利したとしても、大混乱になることだけは確かだ。そして、その対立が、すぐに暴力の連鎖につながる可能性は非常に高い。これら2つのドキュメントの政策を共和党が持ち上げ、アメリカ国民が支持する限り、〝アメリカが分断する可能性〟と〝日本が想像を超える影響を受ける恐れ〟がつきまとう。

個人的には、今後、さらなる過激な政策が共和党によって加えられ、実行されるのではないか、という懸念も抱いているため、たとえ大統領選の結果がどうなろうとも、これらの改革プランを理解し、これからのアメリカの変化に備えることは決して無駄ではないと考える。本書がそのための1つの情報源や助けとなるよう、ポイントとなりそうな「アジェンダ47」と「プロジェクト2025」について次から取り上げ、できるだけ分かりやすく解説していきたい。

051　超保守派の世界を実現するための改革プラン「アジェンダ47」と「プロジェクト2025」とは?

PART 3

連邦政府の解体に匹敵する改革

改革公約声明集「アジェンダ47」と改革実行案「プロジェクト2025」の要旨を読み解く

共和党トランプ陣営が大きな力を持つとアメリカの民主主義のシステムを根本的に変更する変化があるのではないか、と警戒する声がアメリカ国内には多い。

例えば、アメリカの著名なシンクタンク、ユーラシア・グループが出した「トップリスク2024」には、そのことに関する興味深いレポートが挙がっている。イアン・ブレマーとクリフ・クプチャンによる「リスク1：合衆国 対 自国／Risk 1: The United States vs. itself」（2024年1月8日／https://www.eurasiagroup.net/live-post/risk-1-the-united-states-vs-itself）というものである。

これを読むと、共和党トランプ陣営は司法省をはじめ各省庁のベテラン連邦政府職員を粛正し、連邦政府に対してホワイトハウスに権力が集中するような体制を構築する可能性が高いというのだ。この体制を確立するために共和党とトランプ陣営は、「法の支配を弱体化させる措置を取り」、彼らの反対者やバイデン・ファミリーといった、野党民主党を迫害するとしている。

このような予測を見ると耳を疑いたくなる。これはまさに、ホワイトハウスが連邦政府を取り込み、その命令に絶対的に従わせる、いわば〝ホワイトハウス独裁制〟の成立になるだろう。ホワイトハウスがすべての行政を独占することで、司法（最高裁）と立法（議会）に制限を加えて独立性を奪い、アメリカの伝統的な三権分立の理念を破壊することにもなりかねない動きだ。

しかし、実際に政権を掌握するとなると、合衆国憲法並びにアメリカの法的な規制がある。そう考えると、これは実質的に不可能な話だと思うかもしれない。けれども、それを覆すために、共和党トランプ陣営が用意したものが「アジェンダ47」と「プロジェクト2025」なのである。

このパートで取り上げる「アジェンダ47」のポイント

◆グローバリストのエスタブリッシュメント層と、アメリカの戦争を画策してきた戦争屋であるワシントンD.C.のネオコン・軍産複合体全体を完全に打ち負かす。

◆腐敗したグローバリスト層が、アメリカを終わりのない対外戦争に引きずり込み、一方で我が国の国土を破壊している。これをやめさせ、第3次世界大戦を回避し、平和を実現。

◆民主党のバイデンによる無駄と雇用を奪う規制の猛攻撃からアメリカを解放し、ワシントンD.C.の手に負えない官僚主義を破壊する。

◆大統領が予算執行を停止できる「予算没収権」を復活させる。これで減税の余地が生まれ、医療保険（メディケア）、国防費は削減しない。民主党のバイデン政権下で導入された増税は撤廃へ。

◆新産業の発明につながり、アメリカ人に安全で手頃な暮らしを提供する新しいフリーダムシティに特化した、超合理化された連邦規制の枠組みを創設する。

改革公約声明集 AGENDA 47

ディープステートを解体し、アメリカ国民に権力を取り戻すためのドナルド・トランプの計画

Agenda47-2023/03/21

President Trump's Plan to Dismantle the Deep State and Return Power to the American People

https://www.donaldjtrump.com/agenda47/agenda47-president-trumps-plan-to-dismantle-the-deep-state-and-return-power-to-the-american-people

トランスクリプトの和訳

ワシントンの腐敗から、ディープステートを解体し、民主主義を完全に回復するための私の計画をここに提示する。それは腐敗の根絶である。

第1に、私は直ちに2020年の大統領令を再発行し、悪党の官僚を解任する大統領の権限を回復する。そして、私はその権限を積極的に行使する。

第2に、国家安全保障および情報機関における腐敗した関係者をすべて一掃する。腐敗した関係者は数多くいる。政権の指示に従わない省庁や機関は徹底的に見直され、無名の官僚が保守派やキリスト教徒、あるいは彼らの政治的敵対者を標的にし、迫害することが二度とできないようにする。彼らは今、誰もが信じられないようなレベルでそれを実行している。

第3に、令状申請で嘘をつかれても、裁判官はまるで気にしていないように見えるほど腐敗しているFISA（※1）裁判所を完全に改革する。多くの判事が、間違っていると知っていた、あるいは少なくとも知っ

ていたはずの申請を数多く目にしてきた。判事は何もしないまま、嘘をつかれてきたのだ。

第4に、我が国をバラバラに引き裂いてきたデマや権力の乱用を暴くため、ディープステートのスパイ活動、検閲、汚職に関するすべての文書を機密指定解除して公開する真相究明委員会を設立する。

第5に、フェイクニュースと結託し、意図的に虚偽の物語を捏造《ねつぞう》し、我が政府と民主主義を転覆させせようとする政府機密漏洩者に対して、大々的な取り締まりを行う。可能な場合には刑事告発を行う。

第6に、すべての監察総監室を独立させ、監督する省庁から物理的に分離し、ディープステートの守護者とならないようにする。

第7に、議会に独立監査制度を確立するよう要請し、諜報《ちょうほう》機関が市民をスパイしたり、アメリカ国民に対して偽情報を流布するキャンペーンを行ったり、あるいは私の選挙運動をスパイしたように、誰かの選挙運動をスパイしたりしていないことを確認するために、諜報機関を継続的に監視する。

第8に、トランプ政権が開始した取り組みを継続し、広大な連邦政府の官僚機構の一部をワシントン・スワンプ（沼地）の外の新しい場所に移転する。私が土地管理局をコロラド州に移転させたように、10万もの政府職員のポストをワシントンから移転させることができる。そして、私はワシントンからすぐに、アメリカを愛する愛国者たちが集まる場所に移転させるつもりだ。

第9に、連邦政府の官僚が取引先や規制対象の企業に就職することを禁止するよう取り組む。連邦政府の官僚はこれらの企業と取引し、これらの企業を規制し、そしてこれらの企業から職を奪おうとしている。そんなことはさせてはならない。このような公の場での行動は続けられないし、製薬会社のように、常にこのようなことが行われている。

第10に、私は連邦議会議員の任期制限を課すための憲法改正を推進する。

これが、私がディープステートを打ち砕き、国民による国民のための政府を回復する方法である。

※1
FISAとは外国情報監視法のこと。外国人のデジタル通信を監視するための法律。2018年にトランプは、FISAについて、選挙戦で共和党トランプ陣営の監視に利用された可能性があると主張。ここではこの主張を踏まえ、民主党のオバマ=バイデン政権が共和党トランプ陣営の通信をスパイしていたことを力説している。

第3次世界大戦を防ぐ

Agenda47-2023/03/16
Preventing World War III
https://www.donaldjtrump.com/agenda47/agenda47-preventing-world-war-iii

トランスクリプトの和訳

ジョー・バイデン政権下の今日ほど、第3次世界大戦に近付いたことはない。核武装した大国同士の世界的な衝突は、人類史上類を見ない規模の死と破壊を意味する。それは核のハルマゲドンである。その悪夢を避けること以上に重要なことはない。私たちはそれを回避する。しかし、新たなリーダーシップが必要だ。

ウクライナでのこの代理戦争が続いているうちは、私たちは世界規模の戦争のリスクを冒すことになる。私たちの目的は、即座に敵対行為を全面的に停止させることだということを、絶対に明確にしなければならない。すべての銃撃をやめなければならない。これが中心的な問題だ。遅滞なく平和が必要なのだ。

加えて、自由と民主主義のために海外で戦うふりをしながら、国内では第3世界の国や独裁国家に変えてしまうような国務省、国防総省官僚機構、諜報機関、その他諸々を総点検し、ディープステートのメンバーを解雇してアメリカ第一主義を打ち出すために再編成する必要がある。私たちはアメリカを第一に考えなければならない。

最後に、NATOの目的と使命を根本的に見直すという、私の政権下で始めたプロセスを完遂させなければならない。我が国の外交当局は、ロシアが最大の脅威であるという嘘に基づいて、世界を核武装したロシアとの紛争に引きずり込もうとしている。しかし、今日の西欧文明にとって最大の脅威はロシアではない。それは恐らく、何よりも私たち自身であり、私たちを代表する恐ろしいアメリカ嫌いの人々である。彼らがしようとしているのは国境の廃止だ。自分たちの街を取り締まれないことだ。法の支配を内部から破壊することだ。核家族化と出生率の崩壊だ。マルクス主義者たちは、私たちを人種、ジェンダー、極端な環境保護を信じて、逆に礼拝する神を信じない国にしようとしている。そして、我々を中国や、基本的に我々を嫌っている他の外国に完全に依存させたのはグローバリストたちだ。

こうしたグローバリストたちは、アメリカの力、血、財宝のすべてを浪費し、海外で怪物や幻影を追いかけようとしている。これらの勢力は、ロシアや中国が夢見た以上のダメージをアメリカに与えている。病的で腐敗した体制を作り直すことは、次期大統領に課せられた重大な課題である。それができるのは私しかいない。仕事を成し遂げられるのは私しかいない。何をしなければならないか、私はよく知っている。

Agenda47-2023/02/22

ドナルド・トランプ、アメリカ最後の戦争屋とグローバリストを阻止する計画を発表

President Trump Announces Plan to Stop the America Last Warmongers and Globalists

https://www.donaldjtrump.com/agenda47/agenda47-president-trump-announces-plan-to-stop-the-america-last-warmongers-and-globalists

トランスクリプトの和訳

第３次世界大戦が今ほど近付いているときはない。

私たちは、ディープステート、国防総省、国務省、国家安全保障産業複合体にいる戦争主義者やアメリカ最後のグローバリストを一掃する必要がある。

私が何世代にもわたって戦争を起こさなかった唯一の大統領である理由の1つは、ワシントンの将軍や官僚、いわゆる外交官たちの破滅的な助言を拒否した唯一の大統領だったからだ。

何十年もの間、国務省がウクライナの反乱を支援するまでもなく、ヴィクトリア・ヌーランドや彼女のような多くの人々が、ウクライナをＮＡＴＯに加盟させることに執着してきた。このような人々は、イラクや世界の他の地域の場合と同様に、長い間対立を求めてきた。そして今、私たちは第３次世界大戦の瀬戸際に立たされている。多くの人々はそれを見ていないが、私には見えている。彼らは皆、〝トランプはすべてにおいて正しかった〟と言う。

このことは、1年前のウクライナへの非道で恐ろし

い侵攻を言い訳にするものではない。ここアメリカでは、何十年もの間、主要な外交政策の決定をことごとく失敗させてきた、腐敗したグローバリストの組織を排除する必要があるということだ。アメリカの国益を支持する人物に入れ替えなければならない。

ホワイトハウスでの4年間で、私たちはアメリカ・ラスト派（アメリカ国民の利益を無視する派）を脇に置き、世界を平和に導くという驚くべき進歩を成し遂げた。次の私の政権が終わる頃には、国務省、国防総省、国家安全保障機構は大きく様変わりしていることだろう。実際、私の政権発足直後には、4年前の私のように物事を成し遂げる、全く異なる場所にホワイトハウスはなるだろう。これほど良いことはない。また、ロビイストや大手国防請負業者が、軍や国家安全保障の高官を紛争に向かわせ、退職後に何百万ドルもの報酬を得るような有利な仕事に就かせることもやめるだろう。

対立候補を支援するグローバリストの献金者たちを見てみよう。それは彼らが戦争支持の候補者だからだ。私は平和を実現する大統領であり、それは力による平和だ。私たちが紛争を起こさず、戦争に巻き込まれなかったのには理由がある。私は、最初から軍隊を再構築した。それが大きな理由だ。彼らはアメリカに余計な干渉をしたがらなかったが、今では我々を笑っている。適切なリーダーシップがあれば、ウクライナ紛争を24時間で終わらせることができる。私の次の4年の終わりには、政府高官の戦争主義者、詐欺師、失敗者はすべて消え去り、アメリカの重要な利益を何よりも守ることを信じる、有能な国家安全保障当局者が新たに誕生することになるだろう。

改革公約声明集
AGENDA 47

バイデンの規制猛攻撃からアメリカを解放する

Agenda47-2023/04/16

Liberating America from Biden's Regulatory Onslaught

https://www.donaldjtrump.com/agenda47/agenda47-liberating-america-from-bidens-regulatory-onslaught

トランスクリプトの和訳

無駄で雇用を奪う規制を削減することは、世界史上最大の経済を築いた私のアメリカ第一主義経済アジェンダの重要な部分だった。

私は、ジョー・バイデンの経済的災難からアメリカを早急に救うため、また、それこそ史上最大の経済的災難の1つであるこの災難からアメリカを救うため、1つの新しい規制に対して2つの古い規制を撤廃しなければならないという、有名な私の大統領令を復活させ、これを恒久化するよう議会に要請する。

規制予算を再び導入し、アメリカ経済に対する規制のコストに厳しい上限を設ける。連邦政府の規模と範囲を毎年拡大する代わりに、各連邦省庁の積極的なコスト削減目標を掲げて毎年縮小する。

さらに私は、すべての政府機関の規制ガイダンスを中央データベースに公開しなければならず、そうでなければ無効とする。そして、その多くは実際に無効となる。これにより、悪徳官僚が適切な監督なしに押し付けてきたステルス規制や脅しの山は、事実上廃止されることになる。

そして私は、官僚が非公式のガイダンスだけに基づいて強制措置を取ることを禁止する法律に署名する。例えば、官僚が銀行をいじめ、圧力をかけ、政治的に不利な業界の息の根を止めたり、金融規制を解除したりすることは二度と許されない。そのようなことは絶対にさせない。

次に、FCC（連邦通信委員会）やFTC（連邦取引委員会）（※2）のような独立した規制機関を、憲法が要求するように大統領の権限下に戻す。これらの機関が政府の第4の部門となり、勝手に規則や布告を出すことは許されない。それが、これまで彼らが行ってきたことなのだ。私たちは、各省庁が検討している規制をホワイトハウスに提出することを義務付ける。

さらに、フリーダムシティに特化した非常に合理化された連邦規制の枠組みを創設し、フリーダムシティがアメリカ製造業の復活、新産業の発明、経済機会の再生、安全で手頃な生活のための真のフロンティアとなることを可能にする。

最後に、すべての連邦職員に、憲法に基づく限定政府への理解を示す新しい公務員試験に合格することを義務付ける。これには、適正手続きの権利、平等の保護、言論の自由、宗教の自由、連邦制、不当な捜索と押収に対する憲法修正第4条の保護、マール・ア・ラーゴでのことについてはすべて知っている。

私たちは、選挙で選ばれたわけでもない官僚を元の場所に戻し、アメリカ経済を解放し、何百万もの雇用と何兆ドルもの資金を私たちの国に呼び込むだろう。

※2
これらの機関は大統領の権限も及ばない大きな権力を持っている。トランプは、これらの機関による規制のためアメリカ経済の成長が阻害されていると考え、機関の規制緩和を約束する。

Agenda47-2023/06/20

無駄を省き、インフレを止め、ディープステートを潰すために国庫納付金を使う

Using Impoundment to Cut Waste, Stop Inflation, and Crush the Deep State

https://www.donaldjtrump.com/agenda47/agenda47-using-impoundment-to-cut-waste-stop-inflation-and-crush-the-deep-state

トランスクリプトの和訳

私たちの不名誉な大統領であるペテン師ジョー・バイデンは、3年足らずの間に何兆ドルもの税金を浪費し、労働者家庭を圧迫する無秩序なインフレを引き起こした。

バイデンの無駄で不必要な支出を抑制することは、インフレを阻止し、経済を破滅から救うために不可欠である。しかし、歳出削減の痛みは、アメリカの家庭や特に高齢者ではなく、特別利益団体やワシントンの官僚が負わなければならない。

私たちの政府制度のもとで２００年もの間、大統領には、いわゆる「インパウンドメント（予算の押収権）」によって不必要な支出をやめる憲法上の権限がある。このことは議論の余地がない。

非常に簡単にいえば、議会が政府運営に必要以上の資金を提供した場合、大統領は余分な資金の浪費を拒否し、その代わりに一般国庫に資金を戻し、もしかしたら皆さんの税金を下げることもできる、ということだ。この2つは私の誇りであり、バイデン政権下で急速に失われつつあるとはいえ、まだそこにある。

トーマス・ジェファーソンがこの権力を行使したのは有名な話であり、1974年に制定された没収規制法によって不当に縮小されるまでは、他の多くの大統領もこの権力を行使していた。この法律は明らかに違憲であり、三権分立のあからさまな違反である。

私がホワイトハウスに戻ったら、裁判で没収規制法に異議を唱え、必要であれば議会がそれを覆すよう、全力を尽くすつもりだ。私たちはそれを覆す。

そして、大統領が長年認めてきた没収権限を使って、肥大化した連邦官僚機構を圧迫し、大幅な節減を図る。これは、皆さんの減税という形になるだろう。これによって、インフレを速やかに食い止め、財政赤字を削減することができる。

この事態に備え、私は就任初日から、すべての連邦政府機関に、効率化と無駄の削減によって節減できる予算の大部分を特定するよう命令する。

もちろん、これには国防は含まれないし、何が起きているのかよく分かっていないロン・デサンティス(この時点のフロリダ州知事。トランプの対抗馬)とは違って、メディケアや社会保障には指一本触れない。彼は社会保障を破壊し、メディケアを基本的に消滅させようとしている。これらは高齢者のための給付だ。私たちは手を出すつもりはない。他にできることはたくさんある。ロン・デサンティスにメディケアや社会保障を傷付けるようなことをさせるつもりはない。

それどころか、政府の他の部分からインパウンドメントによって節約した資金の一部は、メディケアと社会保障を今後何年にもわたって強化するために使うことができる。

大統領の歴史的な没収権限を再び主張することは、歳出を抑制し続けるための議会との重要な交渉力を回復することにもなる。とてもシンプルなことだ。我々は歳出を抑制し続けるつもりだ。

トランプ政権が誕生し、我が国を救うためにいくつかのことをしなければならなくなった。我々は素晴らしい仕事をした。しかし、我々は大金を稼ぎ始めていた。私たちはエネルギー・インディペンデントだった。エネルギーの支配者になるつもりだった。私たちは、足元にある金塊から莫大な資金を得ようとしていた。他のどの国よりも。そして税金を減らし、借金を返済する。

これが均衡財政を取り戻す唯一の方法だ。没収だ。

それと同じくらい重要なのは、インパウンドメントを復活させることで、ディープステートを消し去り、沼の水を抜き、戦争主義者たち（あちこちで戦争をしたがる、殺し、殺し、殺しが大好きな人たち）を飢えさせ、グローバリストたちを政府から追い出すための重要な手段を手に入れることができるということだ。

戦争屋とグローバリストを政府から追い出すのだ！

インパウンドメントを使えば、単純にマネーの流れを止めることができる。

この政策は、反インフレ、反スワンプ（沼地）、反グローバリストであり、成長促進、納税者促進、親アメリカ、親自由主義である。

それを実現できるのは私だけだ。私はそれを成し遂げ、アメリカを再び偉大にする。

このパートで取り上げる「プロジェクト2025」のポイント

◆大統領の権限を強化して、キャリア官僚や高官を大統領がクビにする。そして、大統領が任命した職員に置き換える。

◆公務員組合の力を削減し、解雇しやすい環境を作る。

◆実績を厳格に評価するシステムを導入して、大統領の方針に従わない公務員や、パフォーマンスの悪い公務員を解雇する。

◆就任初日に大統領令で、”議会の承認を必要としない予算の押収権限（国防費と社会保障費を除くすべての予算が対象）”を復活させる。これを実行することで国庫の無駄を省き、その分を減税することができる。

◆大統領は政府機関の予算を管理する「行政管理予算局」を通して、政府機関が大統領の政策に合致した行動をするように徹底的にコントロールする。

◆人事と予算の両面からディープステートと見なされる省庁や部局を締め上げる。

改革実行案

Project 2025

Project2025_SECTION1-02_p043

アメリカ合衆国大統領行政府

EXECUTIVE OFFICE OF THE PRESIDENT OF THE UNITED STATES

Russ Vought

「Mandate For Leadership」から関連部分を要約・和訳

✪キャリア公務員の解雇

●行政機関の管理

次の保守派の大統領は行政部門をアメリカ人のために制限し、管理し、指導する任務を持つ。しかし連邦官僚機構は、しばしば自己保護の手段を持ち、大統領の方針を妨害する。この妨害を排除する。

●行政機関の改革

中央集権的な行政国家の解体こそ、国民の自由を保障するためには最も必要なことだ。政治任命者は非党派の「専門家」に権限を譲渡すべきではない。

●政治任命者の重要性

政治任命者は大統領の意向を実行するために重要だ。キャリア官僚をクビにして、大統領が任命した忠実な人物に置き換える。

✪憲法と法の支配

保守派政権は憲法を尊重し、法の支配を守る必要がある。三権分立と連邦政府と州の権力分離は自由を保障するために重要。

Project 2025

Project2025_SECTION1-03_p070～072

中央人事機関：官僚機構の管理～人事局

CENTRAL PERSONNEL AGENCIES:MANAGING THE BUREAUCRACY~ANALYSIS AND RECOMMENDATIONS~
OPM: Managing the Federal Bureaucracy.

——*Donald Devine, Dennis Dean Kirk, and Paul Dans*

「Mandate For Leadership」から関連部分を要約・和訳

★評価システムの厳格化

大統領は人事管理を最優先事項として扱う。効果的な評価システムを導入する。これで、優れたパフォーマンスの官僚に報酬を与え、不十分なパフォーマンスの官僚をクビにする。

★成果で報酬を決定

成果に基づく報酬システムを連邦政府全体に導入し、報酬を実際の成果と直接結び付ける。

★公務員の解雇

現行の制度では、連邦政府の公務員の身分は過剰に守られている。法的な保護を緩和し、管理者が良いパフォーマンスのスタッフを雇用し、不十分なパフォーマンスのスタッフを合法的に解雇できるようにする。

★公務員組合の弱体化

公務員組合は民主主義と互換性がない。この組織は官僚の既得権を守るための手段として利用されている。次の政権は、公務員組合の適切性を見直す。

Project 2025

Project2025_SECTION1-03_p078～079

中央人事機関：官僚機構の管理～公務員の縮小

CENTRAL PERSONNEL AGENCIES:MANAGING THE BUREAUCRACY～ANALYSIS AND RECOMMENDATIONS～Reductions-in-Force.

——*Donald Devine, Dennis Dean Kirk, and Paul Dans*

「Mandate For Leadership」から関連部分を要約・和訳

①大統領の政策に合致した予算管理の徹底

行政管理予算局は、大統領を代表して政策を立案し、行政府全体を調整し指揮をする。

②大統領直属の政策官僚の強化

大統領直属の政策官僚が直接、予算の割り当てに署名することで、予算配分における監視と管理を強化する。

③予算プロセスの強化

行政管理予算局の管理者は、政府の財政責任を強化し、大統領の政策アジェンダを効果的に支援するために、予算プロセスを厳格に管理する。これには予算の割り当てと管理における厳格な監視が含まれる。

④管理機能の最適化

行政管理予算局の管理オフィスは、連邦予算調達政策、人事管理、財務管理、情報技術の改善など、複数の重要な機関監視機能を効率的に実行することで、政府の効率性と効果性を高める。

⑤規制プロセスの改善

行政管理予算局の「情報規制局」は、規制が国民に最小限の負担を課し、重要な利益をもたらすことを保証するために、規制行動の改善に努める。

⑥ 立法クリアランスと調整の強化

「行政管理予算局」は、立法提案、政府機関の助言および議会とのその他のコミュニケーションに関して、行政府が一貫した政策とメッセージを維持することを保証するために、その権限を積極的に使用する。

このパートに登場する「Mandate For Leadership」の執筆者・編者について

⊛ラス・ヴォート／*Russ Vought*

2020年7月から2021年1月まで、前・共和党トランプ政権で行政管理予算局（OMB）の局長を務めた元アメリカ政府高官。それ以前は、2018年の一部の期間にOMBの副局長を、2019年から2020年にかけては代理局長を担った。

⊛ドナルド・デバイン／*Donald Devine*

アメリカの政治学者、作家、元政府高官、政治家であり、アメリカの哲学者であるフランク・マイヤーから教えられた保守的融合主義の哲学を研究、執筆、普及している。

⊛ディーン・カーク／*Dean Kirk*

ヘリテージ財団の2025年大統領移行プラン「プロジェクト2025」の人事政策担当副ディレクター。

⊛ポール・ダンス／*Paul Dans*

アメリカの保守派の政治活動家であり、ヘリテージ財団の2025年大統領移行プランである「プロジェクト2025」を主導したことで最もよく知られている。計画では、アメリカ連邦政府を右派の政策に沿うように再編することを目的としている。

PART 4

アメリカ第一主義を最優先とする外交改革

改革公約声明集「アジェンダ47」と改革実行案「プロジェクト2025」の要旨を読み解く

民主党のバイデン政権は、地球温暖化ガス発生の抑制や環境保護を理由に厳しい排出規制を課し、国立公園などにある石油やガス田の開発を禁止してきた。共和党のトランプ陣営はこうした規制の結果、安いエネルギーが手に入らなくなったため、エネルギーコストが高騰しインフレを激化させたとして、バイデン政権のすべてのエネルギー規制を撤廃するとしている。

そして、地球温暖化を否定し、「パリ協定」からの離脱を明確に宣言する。こうした政策こそ、共和党トランプ陣営によるアメリカ第一主義の典型的な例だ。

さらなる一国主義の強い主張は、貿易政策にも明確に現れている。実質的にこれまでの自由貿易を捨て、アメリカの国益を最優先した保護貿易に移行するという方針だ。現在のグローバル経済を支える自由主義的な世界貿易のシステムは、アメリカが形成した秩序であるため、アメリカ自身がこれを否定すると、その国際的な影響力は計り知れない。

また、中国のＥＶ（電気自動車）を規制し、エネルギー規制を撤廃して、アメリカの製造業の基盤である自動車産業を保護することも約束する。その主要な政策提言は、中国を封じ込めるために関係を切断し、保護貿易を実施することにポイントを置いている。

「大統領就任後、24時間以内にウクライナ戦争を停戦させる」という声明のインパクトも強烈だ。ロシアと交渉し、戦争を一気に終わらせるという。

前・共和党トランプ政権ではＮＡＴＯをはじめとした様々な国際協定や条約からの離脱を示唆する動きを見せて世界に衝撃を与えたが、それ以上のアメリカ第一主義を強固に推し進めると約束している。こうした政策が実現した際、世界に与える影響は計り知れない。グローバリゼーションが終焉《しゅうえん》するといった可能性も十分考えられるのである。

このパートで取り上げる「アジェンダ47」のポイント

◆大統領就任後、24時間以内にウクライナ戦争を停戦させる。

◆国内のエネルギー産業を保護するために、地球温暖化を否定して「パリ協定」からの離脱を宣言する。

◆急騰した中流家庭のエネルギーコストを引き下げ、急進的な民主党バイデン政権が導入したエネルギー政策を潰す規制を削減することで、アメリカのエネルギーを解き放つ。

◆エネルギー自給を達成して世界中でエネルギーの支配者となる。そのようにして、力強く、豊かで、生産的で、活力があり、近代的で、独立的で、自由なアメリカの屋台骨を築く。

◆外国がアメリカ製の商品にアメリカが課す関税よりも高い関税を課した場合、その国の商品に相互関税を課す権限を持つ互恵通商法を成立させる。アメリカが戦後長く実施してきた基本政策を放棄し、自由貿易の守護者としての役割から撤退、保護貿易主義への転換である。

◆中国のEVを規制し、またエネルギー規制を撤廃して、アメリカの製造業の基盤である自動車産業を保護する。

改革公約声明集

ドナルド・トランプ、即時の停戦と和平を求める

Agenda47-2023/02/01

President Trump Calls for Immediate De-escalation and Peace

https://www.donaldjtrump.com/agenda47/president-trump-calls-for-immediate-de-escalation-and-peace

トランスクリプトの和訳

もし私が大統領だったら、ロシア・ウクライナ戦争は起こらなかっただろう。１００万年経ってもあり得ない。しかし今でも、もし私が大統領だったら、この恐ろしく急速にエスカレートする戦争を24時間以内に終わらせる交渉ができるだろう。

ジョー・バイデンは、アメリカ製の戦車をウクライナに送ったら第3次世界大戦が始まってしまうと10カ月前に言っていたが、今その通りのことを自分で行っている。ウクライナで起こっていることをすべて見れば、人命の悲劇的な浪費だ。これらの都市は消滅している。まず核兵器。それから戦車だ。

私が大統領になれば再び強い国になる。人々は、これまでアメリカ合衆国にしてきたようなゲームは決してしない。彼らはもう私たちを尊敬していない。彼らは2年半前には私たちを大いに尊敬していた。彼らはもう我々を尊敬していない。

私の政権下で、アメリカは国内でも世界でも、力による平和を実現した。ウクライナ紛争は非常に危険で、爆発的で、日に日にエスカレートしている。バイデン

の弱さと無能さが、我々を核戦争の瀬戸際に追いやった。

ジョー・バイデンは、すべての間違った言動によって、ロシアをこの戦争に導く手助けをした。この恐ろしい大惨事が制御不能に陥り、第3次世界大戦につながる前に、関係者全員がウクライナでの戦争の平和的終結を追求する時期はとうに過ぎている。

私たちはこの馬鹿げた戦争を終わらせ、事態が悪化する前にウクライナの平和を求めなければならない。

改革公約声明集
AGENDA ★★★ 47

アメリカは地球上で最も低コストのエネルギーと電気を確保しなければならない

Agenda47-2023/09/07

America Must Have the #1 Lowest Cost Energy and Electricity on Earth

https://www.donaldjtrump.com/agenda47/agenda47-america-must-have-the-1-lowest-cost-energy-and-electricity-on-earth

トランスクリプトの和訳

アメリカは地球上で一番低コストのエネルギーと電力を持たなければならない。アメリカが製造業で再び世界を支配しようとするならば、私が政権を運営していた時のようになる。私は本当に、何十万もの雇用を創出し、地球上で最も安価なエネルギーと電力を供給する国にした。

手頃な価格のエネルギーを手に入れなければならない。今の（アメリカ国内の）エネルギー産業は弱く、標準以下であり、手頃な値段ではない。例えば風力発電だ。風車は錆《さ》びる。腐敗する。鳥を殺す。最も高価なエネルギーだ。その他にもダメなものがある。これはグリーン・ニューディールと呼ばれるもので、私はグリーン・ニュー・デマと呼んでいる。

私が大統領だった頃、製造業の雇用がアメリカに戻ってきた理由の1つは、エネルギーコストを劇的に削減したことだった。残念なことに、捻《ひね》くれたジョー・バイデンは、グリーン・ニューディールの祭壇の上で、多大な経済的優位性を犠牲にした。恐らく彼は共産中国から賄賂を受け取ったか、共産中国が彼に支払った金のすべてを知っているからだろう。私たちには傀儡《からかい》候補がいる。それが彼だ。彼は傀儡候補だ。中国は彼のすべてを知っている。彼は怯《おび》えきっている。彼は何もしない。バイデンは中国から数千億ドルを受け取っている。ジョー・バイデンは中国と話すことさえ恐れている。

バイデンのアメリカン・エネルギー戦争は価格を高騰させ、彼の最新の行動はそれを壊滅的に悪化させるだろう。これまでに経験したことのないレベルで悪化するだろう。これはとても悪いことだ。バイデンが新たに提案した発電所規制では、ほとんどの天然ガス・石炭発電所は操業停止に追い込まれるだろう。ところで、彼らはドイツでそれを試したが、今はまた戻ってあちこちに石炭発電所を建設している。ドイツは破壊されたのだ。ドイツにはエネルギーがない。ドイツは今、2週間ごとに石炭発電所を建設している。中国は毎週石炭発電所を建設している。毎週毎週、新しい石炭発電所を建設している。一方、私たちは風とゲームをしている（風力発電のこと）。

この国で起こっているのは恐ろしいことだ。私たちのエネルギーに代わるものは何もない。

現在ではエネルギーに代わるものは何もない。とても高価だ。しかも（エネルギー産業）は非常に弱い。あなたが見ているような大きな発電所を動かす力もない。

バイデンは既存の発電所を閉鎖すると同時に、何億人ものアメリカ人に超高価なEVを押し付けようとしている。今あるものの2倍のコストがかかる。さらに、今あるもの（ガソリン車）はより良く、より長く使える。満タンにするのも簡単だ。そして、私たちの足元には、他の国にはないレベルの金の液体（石油）がある。しかし、送電網を限界まで緊張させている。すでに限界に達している。カリフォルニアを見れば、毎日のように停電が起きている。人々はエアコンをつけることもできず、電気料金は成層圏に達するだろう（高騰している）。

バイデンの政策が進めば、電気代は地球上で最も高くなり、すでにそれに近付いている。アメリカの製造業は完全に死に絶え、中国は大笑いするだろう。中国が世界を支配することになる。

私の計画は正反対だ。私は大統領として、アメリカが地球上のどの工業国よりもエネルギーコストの低い国ナンバーワンになることを国家目標として掲げる。私はナンバーワンになりたい。

アメリカは、ほんの3年前まではエネルギー自給国だった。そして今、私たちはベネズエラに石油（の供給を）懇願している。それなのに、私たちは他のどの国よりも何倍も石油を持っている。サウジアラビア、ロシア、どの国も、私たちが持っているものを持っていない。私たちは、アメリカの石油や天然ガスを含め、足元にある金の液体を開発し、原子力、クリーンコール、素晴らしい水力発電、その他あらゆる形態の手頃なエネルギーを導入していく。

中国と肩を並べるだけでなく、中国よりもずっと（エネルギー価格は）安くなる。エネルギーが増えれば、インフレ率が下がり、雇用も増える。

私は、バイデンの破滅的な発電所に対する規制を中止し、彼のEV義務化を終わらせる。EVを買いたいなら、それはそれで構わないが、他のあらゆる形態の自動車も買えるようにする。そして、かつてないほど国内のエネルギー生産を解放する。しかし、考えてみてほしい。3年前のエネルギー独立。エネルギー覇権はまもなく確立されるはずだった。私たちは借金を返済するつもりだった。すべての人の税金を引き下げるつもりだった。しかし、彼らはそれを即座に打ち切った。彼らはそれを終わらせた。

私は、次の100年に備えて送電網を完全に近代化し、エネルギー・プロジェクトの迅速な承認とグリーン電力供給を実施する。

エネルギー・プロジェクトの迅速な承認を実施し、実際に機能する真新しい美しい発電所を何百、何百、何百と建設する。これによりアメリカの富は飛躍的に増大する。

将来、あらゆる製造工場、データセンター、半導体施設、組立ラインはアメリカに建設されることを望むだろう。それらはすべて、アメリカにあることを望むようになるだろう。なぜなら、エネルギーコストが最も安くなるからだ。これは大きな要素だ。エネルギーコストが地球上のどこよりも低く、経済が地球上のどこよりも強く、労働者が世界中のどこよりも優秀で、聡明《そうめい》で、才能豊かな場所となるのである。

心から感謝したい。私たちは、精神的にも肉体的にも衰えた、そして精神的には遥かに状態の良くないこの男（バイデン）に、私たちを指図させるわけにはいかない。私たちの国をどうすべきか、彼に指図させるわけにはいかない。彼には何の手がかりもない。彼は2つの文章をまとめることができない。

我々はアメリカを再び偉大な国にしなければならない。そして、酷く衰えた男では、それを成し遂げることはできない。

改革公約声明集
AGENDA 47

ドナルド・トランプ、アメリカを再びエネルギー自立国にするために

Agenda47-2023/02/09

President Trump on Making America Energy Independent Again

https://www.donaldjtrump.com/agenda47/agenda47-president-trump-on-making-america-energy-independent-again

トランスクリプトの和訳

ジョー・バイデンによるアメリカのエネルギー戦争は、過去58年間で最悪のインフレを引き起こした主な要因の1つであり、アメリカの各家庭に大きな打撃を与えている。

バイデンは、エネルギー自給を達成するために私がとった行動をことごとく覆し、やがて私たちは世界中でエネルギーで優位になるはずだ。彼はキーストーンXLパイプラインをキャンセルし、アメリカにとっては不公平で、他国にとっては好都合で、我々にとっては不都合な、恐ろしいパリ協定に再び参加した。彼は石油、ガス、石炭の新規生産に巨大な障害物を設置した。

事実上、バイデンの反アメリカエネルギー十字軍は、あらゆるものに対する大増税である。エネルギーコストの上昇は、食品、原材料、輸送、建設、製造、その他すべての価格を引き上げる。

ジョー・バイデンの急進的な左派グリーン・ニューディールによって、今最も恩恵を受けている国は中国

である。アメリカのエネルギー価格の高騰は中国への贈り物であり、重工業が海外に流出する大きな要因となっている。

先進的な製造国になりたければ、低コストのエネルギーを生産できなければならない。それなくして豊かな国にはなれない。そして、もしアメリカを非工業化したいのであれば、ジョー・バイデンが無意識のうちに行ったように、可能な限りエネルギーコストを引き上げようとするはずだ。なぜバイデンがそのようなことをするのか、私には分からない。

だからこそ、バイデンのエネルギー政策は中国のエネルギー政策なのだ。だからこそ中国は、あらゆる愚かなグローバリズムの気候変動協定に署名し、そしてすぐにそれを破るのだ。彼らは協定を守らない。私がホワイトハウスに戻ったら、親アメリカ的なエネルギー政策を復活させるだろう。

ご存じのように、私が大統領だった時、中国はアメリカに数千億ドルを支払った。他の大統領は10セントも得ていない。私は、国内生産を妨げる連邦政府登録の不必要な規制をすべて追い詰めるために、戦士のように戦う弁護士チームを配備する。そして、それらを帳簿から消し去る。

我々は再びパリ協定から撤退する。そして、すべての価値あるエネルギー・インフラ・プロジェクトに対し、価格を急速に引き下げるための最大限のスピードに焦点を当て、迅速に承認を出す。何千人ものアメリカ人を、私が将来建設する発電所、パイプライン、送電網、港湾、製油所、出荷ターミナルの建設に従事させるのだ。ほんの2年半前のように、再び非常に安価なエネルギーが手に入るようになるのだ。

この偉大な事業はまた、気候変動による黙示録という政治的予測に不合理に怯えるのではなく、アメリカの若者たちに希望と志を取り戻す助けにもなるだろう。低賃金や左翼的な、その場限りのプロジェクトに従事するのではなく、2年半前のように、アメリカの若者たちに本当の意味と仕事を見つけるチャンスを再び与え、力強く、豊かで、生産的で、活力にあふれ、近代的で、独立的で、自由なアメリカの屋台骨を築くビジョンを私は持っている。私の政権の下で、我々は国として再び偉大になるだろう。アメリカの雇用とアメリカンドリームの復活は、アメリカのエネルギーの復活によってもたらされる。

アメリカ合衆国ほど、足元に金の液体を蓄えている国はない。私たちはそれを使い、利益を得て、それとともに生きていく。そして再び豊かになり、再び幸せになる。そして再び誇りに思うだろう。

Agenda47-2023/06/21

トランプ互恵通商法で公正な互恵通商を定着させる

Cementing Fair and Reciprocal Trade with the Trump Reciprocal Trade Act

https://www.donaldjtrump.com/agenda47/agenda47-cementing-fair-and-reciprocal-trade-with-the-trump-reciprocal-trade-act

トランスクリプトの和訳

ジョー・バイデンは、損失とも呼ばれる貿易赤字を、歴史上どの大統領よりも多く計上した。この大きな傷は、我が国に数え切れないほどの雇用と、何兆ドル、何十兆ドルもの富を犠牲にしている。

私の経済的最優先課題の1つは、この出血を食い止め、アメリカの労働者を公平な競争の場に置くことだ。

今がその時だ。私は3年前にそれを実行し、彼らは素晴らしい業績を上げていたが、バイデン政権によって、それは窓から吹き飛んでしまった。

しかしそのために、私はトランプ互恵通商法として知られる画期的な法案を通すつもりだ。

もしインドや中国、その他の国がアメリカ製品に100パーセントや200パーセントの関税をかけたら、私たちは彼らにも全く同じ関税をかける。つまり100パーセントは100パーセントなのだ。彼らがアメリカに請求すれば、我々も彼らに請求する。目には目を、関税には関税を、全く同じ額を請求するのだ。

恐らく関税を引き下げるだろうが、引き下げなくても構わない。私たちはたくさんのマネーを受け取るだろう。

私の互恵通商法の下では、他国は2つの選択肢を持つことになる。私たちに対する関税を撤廃するか、私たちに数千億ドルを支払うかだ。これまで何十年も続けてきたような一方的な経済的降伏はもうない。

これは特にアイオワ州や他の農業州の素晴らしい農家を助け、全アメリカの製造業を助けるだろう。アメリカの農産物、アメリカの酪農製品、鉄鋼など、ありとあらゆるものに対する障壁を取り払うことになる。世界中が私たちを利用しているが、これからは違う。

私たちは公平性と受容性を持たなければならない。

それが「互恵性」という言葉だ。彼らが私たちにすることは、私たちが彼らにすること。

これは、アメリカに雇用と富を戻し、中産階級を引き上げ、中国やその他の国々への依存をなくす経済ブームを立ち上げるための戦略の重要な部分となる。そしてそれは、長い間実現が待ち望まれていたものだ。

私たちはこれまで、他の国々に鞭《むち》打つ存在だった。貿易の面でも、率直に言って、あらゆる面で軽視されてきた国だ。これからは違う。トランプ互恵通商法でアメリカの威信を取り戻す。

Agenda47-2023/07/20

ジョー・バイデンの雇用を奪う政策からアメリカの自動車産業を救え

Rescuing America's Auto Industry from Joe Biden's Disastrous Job-Killing Policies

https://www.donaldjtrump.com/agenda47/agenda47-rescuing-americas-auto-industry-from-joe-bidens-disastrous-job-killing-policies

※「Agenda47-2023/02/27　アメリカの労働者を守るドナルド・トランプの新通商計画／President Trump's New Trade Plan to Protect American Workers」と「Agenda47-2023/10/23　ドナルド・トランプが全米自動車労組に宛てたメッセージ／President Trump's Message to America's Auto Workers」は類似する内容のため本項に統合し割愛。詳細はパート2を参照。

トランスクリプトの和訳

ジョー・バイデンは、何千台ものEVが売れ残りとして駐車場に積まれているにもかかわらず、アメリカ人に高価なEVを押し付けようとする一連の不自由な義務化によって、アメリカの自動車産業に戦争を仕掛けている。この馬鹿げたグリーン・ニューディール政策は、自動車価格の高騰を引き起こすと同時に、アメリカの自動車生産を破壊する舞台となっている。

こうした極端な左翼政策は、家庭や消費者にとって災難であり、新車の平均価格が5万ドルを超えている主な理由の1つである。このような価格が設定されたことは、かつてなかった。こうした法外な価格は、バイデンが何十億ドルもの税金を費やして金持ちのためにEVを補助しているにもかかわらず、普通のアメリカ人はEVを使う余裕もなく、使いたいとも思わない。

バイデンはアメリカの消費者を殺し、アメリカの製造業をも殺している。アメリカ製のピックアップトラックやSUV、その他の自動車に対する全面的な攻撃として、バイデンは燃費基準を2倍に引き上げた。ある試算によれば、バイデンによるＥＶの義務化は、ミシガン州、インディアナ州、オハイオ州の労働者を中心に、11万７０００人のアメリカ自動車製造業の雇用を奪うだろう。

私はあなたのビジネスを成長させるが、彼らはあなたのビジネスを破壊している。自動車産業の労働者が民主党の票だからといって、人々はどのように投票するのだろうか。彼らが長年にわたって自動車産業をいかに衰退させてきたかを見なさい。メキシコは、私たちがかつて持っていたビジネスの32パーセントを持っている。馬鹿げている。しかし、私が大統領であった時には、彼らはそんなことはしなかった。

バイデンが攻撃をやめなければ、アメリカの自動車生産は完全に死んでしまう。だから私は、就任初日にこのグリーン・ニューディールの残虐行為を中止させるつもりだ。最初の任期で、私はかつてないほど自動車労働者のために戦い、大失敗だったＴＰＰを中止し、ＮＡＦＴＡの悪夢を終わらせた。ＮＡＦＴＡ貿易協定は、貿易交渉史上最悪の協定であり、オバマの恐ろしい韓国貿易協定を破棄した。新たな協定を再交渉したことで、酷《ひど》い協定から素晴らしい協定に生まれ変わった。

私はかつてアメリカの自動車産業を救ったが、今度は私が再び救う。

ミシガン州、オハイオ州、インディアナ州、ジョージア州、サウスカロライナ州、ノースカロライナ州のすべての有権者は、自動車産業を維持したいのであれば、ジョー・バイデン（腐敗した大統領）を敗北させ、ドナルド・トランプを大統領として再選させる必要があることを知る必要がある。

このパートで取り上げる「プロジェクト2025」のポイント

◆アメリカ国内の化石燃料資源の開発、原子力エネルギーの規制プロセスの合理化、科学研究主導への回帰を通じて、エネルギーの独立を優先する政策への抜本的な転換を行う。これらの施策は、アメリカ国民にとって手頃な価格で信頼できるエネルギーを確保し、国内経済を支え、国家安全保障を守るために不可欠である。

◆アメリカ国内の環境規制を撤廃して、国内のエネルギー生産を増大させる。そして、国内のエネルギー価格を引き下げ、インフレに対処する。

◆中国を封じ込めるために関係を切断し、保護貿易を実施するために、WTO最恵国待遇ルールを見直す。

◆製品生産拠点のアメリカ移転を促進し、中国のサプライチェーンからの完全な離脱を目指す。

Project 2025

Project2025_SECTION3-12_p363

一般の福祉：エネルギー省および関連委員会

THE GENERAL WELFARE: DEPARTMENT OF ENERGY AND RELATED COMISSIONS

——*Bernard L. McNamee*

「Mandate For Leadership」から関連部分を要約・和訳

① エネルギー安全保障の推進

エネルギーの独立性と安全保障を確保するために、天然ガスや石油といった国内の化石燃料資源を開発する方向へ戦略的に転換する。生産制限に反対する一方で、これらの資源へのアクセスと開発を促進する政策が必要だ。

② エネルギー省の廃止

エネルギー省（DOE）をエネルギー安全保障・先端科学省（DESAS）へと大幅に再編する。この新しい省は、エネルギー安全保障を優先し、アメリカのエネルギーの利益を世界的に促進し、最先端の科学研究に焦点を当て、核浄化活動を管理し、核兵器と原子炉の開発を監督する。

③ 省庁を横断する変革

エネルギー省（DOE）、連邦エネルギー規制委員会（FERC）、原子力規制委員会（NRC）にまたがる大胆な改革を実行する。これには、補助金を通じて再生可能エネルギーを優遇する法律の廃止、エネルギー市場への政府の介入を最小限に抑えること、エネルギーインフラの安全性を確保すること、原子力エネルギーの技術革新を促進することなどが含まれる。

④ 科学的リーダーシップ

アメリカが科学技術におけるリーダーシップを維持する。これには、特にエネルギー省の国立研究所を通じて基礎研究と先端科学プロジェクトを支援し、科学技術革新のリーダーとしての地位を確保する。

⑤ 原子力エネルギーと規制の効率化

現政権のエネルギー政策、特に気候変動対策に焦点を当てた政策が、人為的なエネルギー不足を生み出している。こうした政策がエネルギーコストの上昇を招き、アメリカの家庭や企業に悪影響を与え、国家のエネルギー安全保障を危うくしている。これを是正するためには、原子力エネルギーの規制プロセスをより効率的にする。これには、新規および既存の原子炉の許認可プロセスを合理化し、アメリカのクリーンで信頼できるエネルギーの未来の重要な構成要素として原子力を促進する。

⑥ 経済および国家安全保障への影響

エネルギーの独立は経済成長と雇用創出を支えるだけでなく、潜在的に敵対的な外国のエネルギー供給国への依存を減らすことによって、国家安全保障を強化するものである。

Project 2025

Project2025_SECTION4-26_p765

経済：貿易

THE ECONOMY: TRADE —— *Peter Navarro*

「Mandate For Leadership」から関連部分を要約・和訳

★中国との関係切断と封じ込め

①WTO最恵国待遇ルールの見直し

WTOの最恵国待遇ルールが非互恵的な関税を認めているため、アメリカの輸出業者が外国の輸出業者に比べて高い関税で組織的に不利になり、アメリカの慢性的な貿易赤字につながっている。「米国互恵貿易法（USRTA）」により、アメリカ水準への関税引き下げを拒否する他国の関税率に大統領が合わせることを可能にすることで、こうした格差に対処し、アメリカの貿易赤字を削減し、雇用を創出する。

②中国の経済侵略の阻止

中国の包括的戦略は、世界の製造業、技術、軍事力を支配し、アメリカの経済と国家安全保障を弱体化させることを目的としている。重商主義的貿易慣行、知的財産の窃盗、技術移転の強要、グローバル・サプライ・チェーンの搾取など、中国の経済的侵略行為は50以上にのぼる。中国とのさらなる交渉は無益である。中国からの戦略的な切り離しと、アメリカの重要な分野への中国の影響力と投資を阻止するための強固な政策措置を提言する。

③貿易赤字を削減する

貿易赤字はアメリカの製造基盤のアウトソーシング

と外国への富の移転を意味し、経済と国家安全保障上のリスクをもたらす。公正で相互互恵的な貿易を促進する政策を通じて貿易赤字に対処する。

★政策実行計画

①〜③を実現するために、次の④〜⑳の政策が提言されている。

④中国との貿易の完全な遮断

戦略的にすべての中国製品に関税を拡大し、「メイド・イン・チャイナ」製品を遮断するレベルまで関税率を引き上げ、この戦略を、主要医薬品のような必須製品へのアクセス不足にアメリカがさらされないような方法とペースで実行する。

⑤生産拠点のアメリカ移転の促進

共産中国からアメリカに生産を移管しようとするアメリカ企業に対し、多額の財政的・税制的優遇措置を提供する。

⑥中国の関税免除政策乱用の阻止

共産中国による、800ドル未満の製品に対する関税を免除する、いわゆるデミニミス免除の乱用を阻止する。

⑦中国企業の入札禁止

共産中国国有企業によるアメリカ政府調達契約（例えば、地下鉄やその他の交通システムの契約）への入札を禁止する。

⑧中国製ドローンのアメリカ国内飛行禁止

共産中国製ドローンのアメリカ領空での使用を禁止する。

⑨ 中国製アプリの締め出し

「Tik Tok」や「We Chat」のような中国のソーシャルメディアアプリをすべて禁止する。

⑩ アメリカのハイテク産業への中国の投資禁止

ハイテク産業への中国からの投資を禁止する。

⑪ アメリカ年金基金の中国株投資禁止

アメリカの年金基金による共産中国株への投資を禁止する。あるいは、中国の「A株」株式市場を閉鎖し、アメリカが制裁した共産中国企業の登録を解除する。

⑫ 香港の手形交換所の使用禁止

中国本土に投資するアメリカ資本の中継地点として、香港の手形交換所の使用を禁止する。

⑬ 中国株のアメリカ投資家のポートフォリオ組み入れ禁止

アメリカ投資家のポートフォリオに中国国債を組み入れることを禁止する。

⑭ 中国のサプライチェーンからの自立

医薬品、シリコンチップ、希土類鉱物、コンピュータ・マザーボード、薄型ディスプレイ、軍事部品など、国家安全保障を脅かす可能性のある中国共産党のサプライチェーンへのアメリカの依存を体系的に削減し、最終的には排除する。

⑮ 中国の監視・検閲機能に協力的なアメリカ企業への制裁

「アップル」のようなアメリカ企業を含め、共産中国によるグレート・ファイアウォールの監視・検閲機能の利用を助長する企業を制裁する。

⑯ **SNSの中国系インフルエンサーの排除**

国土安全保障省（DHS）と司法省に対し、迅速に利用可能な攻撃手段として、公開情報を利用して、国内グループと中国共産党のインフルエンサーのソーシャルメディア運営と資金源の両方を検出、特定、破壊することができるアメリカ所有、アメリカ運営の人工知能企業と契約するよう命じる。

⑰ **中国の偽造品や海賊版の取り締まり**

中国共産党が偽造品や海賊版でアメリカ市場を氾濫させるために電子販売者（第三者販売者を含む）やアマゾン、イーベイ、アリババなどの主要倉庫の荷送人や運営者を利用していることに対するDHSの取り締まりを再活性化し、拡大する。

⑱ **孔子学院の閉鎖**

中国共産党の宣伝機関として機能しているアメリカ国内のすべての孔子学院を閉鎖させる。

⑲ **中国人研究者と留学生へのビザ発給停止**

スパイ活動や情報収集を防ぐため、中国人留学生や研究者へのビザ発給を大幅に削減または廃止する。

⑳ **中国からの賠償金請求**

COVID-19は、「武漢ウイルス研究所」で遺伝子操作されたものであることがほぼ確実である。この委員会は、ウイルスの起源、経済的および人命的な様々なコスト、中国共産党から損害賠償を徴収する可能性のある手段などを調査する。

共産中国がもたらす深刻な潜在的脅威からこの国を守りたいのであれば、新大統領は必要な大統領令や大統領覚書を通じて、これらの提案をすべて採用するだろう。

✪障害となる問題

提言した政策イニシアティブを実行に移す上で障害となる重要な点がいくつかある。これらの障害には現実世界における効果的な通商政策である次の㉑～㉔が含まれる。

㉑ アメリカの製造業者、農家、牧場主、労働者のために世界貿易の土俵を平らにしようとする施策の採用を阻止するプロパガンダとして使われてきた自由貿易モデルのドグマ。これは誤りであり、アメリカの産業の復活のためには、保護貿易に移行すべきだ。

㉒ 貿易政策改革を困難にする大きな溝を生んだ貿易政策の政治。貿易政策は政争の道具になってきた。これをやめ、国益を最優先した貿易政策に改める。

㉓ 貿易赤字は悪くはないとされてきた。これは間違いである。だが、アメリカ国民にも政策の立案を行う専門家にも十分に理解されていない。貿易赤字の悪を喧伝すべきだ。

㉔ 効果的な通商政策を実施する上で、ホワイトハウスと政権を支える人材の役割は極めて重要である。政争に巻き込まれることなく、適切な人材を大統領は任命すること。

このパートに登場する「Mandate For Leadership」の執筆者・編者について

㊍バーナード・L・マクナミー／ *Bernard L. McNamee*

2018年から2020年まで、前・共和党トランプ政権で連邦エネルギー規制委員会委員を務めた政府高官である。州および連邦政府の様々な法務や政策職を歴任し、民間部門でエネルギー法を実践していたが、2018年12月6日にアメリカ上院によって委員に承認された。

㊍ピーター・ナヴァロ／ *Peter Navarro*

前・共和党トランプ政権で、初めは大統領副補佐官および短命に終わったホワイトハウス国家通商会議の議長を、その後、新設された通商製造政策局の通商・製造政策担当大統領補佐官および同局長官を務めた。また、国家国防生産法政策調整官にも任命された。彼は、ポール・メラージュ・スクール・オブ・ビジネス（カリフォルニア大学アーバイン校）の経済学および公共政策の名誉教授であり、著書に『Death by China』などがある。カリフォルニア州サンディエゴで5回立候補したが落選。2020年の大統領選挙の無効を訴え、議会侮辱罪で収監された初の元ホワイトハウス高官となった。

PART 5

世界という舞台から撤退する孤立主義の改革

改革公約声明集「アジェンダ47」と改革実行案「プロジェクト2025」の要旨を読み解く

共和党トランプ陣営の「沼地から水を抜く」というワシントンの官僚制を解体する革命は外交と軍事の分野にもおよび、国務省と国防総省が改革の対象になっている。そこでは世界の関与から撤退する孤立主義の政策を提案する。

改革の内容は、共和党トランプ陣営の連邦政府解体論に基づく小さな政府の理念を基礎にしており、徹底した規制緩和と不要な部局の廃止、大規模な減税、そして国際協定や国際機関からの脱退を基本的な骨子にしている。

「プロジェクト2025」での提案は「アジェンダ47」よりも包括的だ。特に焦点となるのがCIAとFBIで、情報機関全体の改革を主張。両情報機関に対する大統領の権限を強化し、大統領の指令で動くような機関にするとしている。

「アジェンダ47」でトランプは、FBIが故意にバイデン・ファミリーのウクライナや中国との怪しい関係を調査せず、逆にトランプの疑惑を調査対象にしたこと（※1）は、選挙でバイデンを公然と支持した結果であるとしてFBIを非難している。

今後FBIとCIAが政治目的で行動できないようにし、こうしたことが二度と起こらないようにするために、大統領の統率下に置こうという案になっている。

※1
バイデンの次男であるハンター・バイデンのラップトップがFBIに押収され、ハンターとウクライナのエネルギー企業、「エナジーワン」とのビジネス的に不透明な関係が明らかになったにもかかわらず、2020年の大統領選挙では、この情報がバイデンに不利になるとして、FBIが情報公開しなかったことをトランプは責めている。これは情報の隠蔽であり、FBIと「X（旧ツイッター）」の結託を指摘。公約では、この関係を暴くと同時に、アメリカ国民への検閲の実態も明らかにするとしている。

このパートで取り上げる「アジェンダ47」のポイント

◆疲弊したアメリカ軍を再建し、世界におけるアメリカの地位を強化する。軍隊の徴兵危機に対処し、アメリカ軍隊の誇り高い文化と名誉を回復する。

◆東ヨーロッパに平和と安定をもたらすため、成功したアメリカ第一主義の外交政策を復活させる。ウクライナに送られた備蓄品の再建費用を欧州に払い戻すよう求める。

◆極超音速ミサイルがどこから発射されようと、その脅威から国土、同盟国、そして世界中の軍事資産を守るため、イスラエルが現在アイアンドームによって守られているように最先端の次世代ミサイル防衛シールドを構築して、国防の強化を行う。

◆現在アメリカ国民の個人情報は情報機関に筒抜けになっているとし、アメリカ国民に対する大規模な検閲、監視、プロパガンダ・キャンペーンなど、ビッグ・テック・プラットフォームと政府機関の不穏な関係、情報機関の役割について早急に調査する。

疲弊したアメリカの軍隊を再建する

Agenda47-2023/07/18
Rebuilding America's Depleted Military
https://www.donaldjtrump.com/agenda47/agenda47-rebuilding-americas-depleted-military

トランスクリプトの和訳

わずか1週間足らずの間に、ジョー・バイデンは、アメリカが弾薬を使い果たしているため、ウクライナにクラスター爆弾を送っていることを偶然にも認めてしまった。それがどういうことなのか私には分からないが、彼はそう言ったのだ。そして、予備軍を招集してヨーロッパに輸送し、兵力が不足していることを証明した。これも事実だ。

軍隊に入隊する人はほとんどいない。これらの行動は、バイデンや頭の悪い戦争屋が、我々をいかに危険な状況に導いているかを明らかにしている。2年足らず前、私はアメリカの軍を完全に再建し、アメリカを世界的に強力な地位へと導いた。世界中に平和が広がり、私たちは力による平和を手に入れた。

それから29カ月後、兵器庫は空になり、備蓄は底をつき、国庫は枯渇し、隊列は空洞化し、我が国は完全に屈辱を味わい、腐敗し、妥協したジョー・バイデン大統領が第3次世界大戦に引きずり込もうとしている。そしてそれは、彼の家族に何百万ドル、何千万ドルという明らかな賄賂を支払った国のために起こっていることなのだ。

中国やウクライナがバイデン一族にいくら支払ったかを見れば分かる。全く不名誉なことであり、非常に危険なことだ。このような状況下で、ウクライナをNATOに加盟させることを検討するという考えは完全に狂っている。ジョー・バイデンはエアフォース・ワンの階段を上ることさえできず、2つの文章をまとめることもできない。この無能な政権が最後に行おうとしているのは、核武装したロシアや中国、その他の国々と戦争をするリスクを冒すことだ。何も分かっていない人間が代表を務めているのだ。

私がホワイトハウスに戻ったら、初日からアメリカの利益を最優先する外交政策に戻る。東欧におけるアメリカの最大の関心は平和と安定だ。私たちは人々が死なないことを望んでいる。この戦争は決して起こってはならないが、無意味な死と破壊を終わらせるのはとうに過去のことだ。この数字は、あなたが読んだり聞いたり、彼らが話しているよりもずっと悪い。

皆さんが想像しているよりも、そして彼らが口にしようと思っているよりも、確実に多くの人々が亡くなっているのだ。そして、ジョー・バイデンが愚かにも浪費してしまったアメリカの軍事力と抑止力の再建に取り組むにあたり、国防調達と国防産業基盤をじっくりと見直す必要がある。国防総省に費やしているすべての資金を考えれば、弾薬が不足したり、必要な兵器を迅速に生産できなくなったりすることは容認できない。

私は、過去最高の予算を軍に提供するつもりだ。4年間、軍を再建し、かつてないほど大きく、より良く、より強くした。そして今、何が起きたかを見てほしい。私たちには弾薬がないのだ。大統領が愚かにも世界に向けて語ったように、私たちには弾薬がない。しかし、私はまた、１ドルの支出に対してもっと多くのものを得るよう主張するつもりだ。なぜなら、私たちは愚かにも金を使いすぎており、物価が高すぎるからだ。

さらに、ウクライナに送られた備蓄品の再建費用を欧州に払い戻すよう求めるつもりだ。本来なら欧州が行うべきことだが、ジョー・バイデンはあまりに弱く、見下されているため、それを求めることすらできない。実際、ウクライナを支援するために我々は２０００億ドル近くを費やしており、ヨーロッパが費やした金額はそのほんの一部にすぎない。

バイデンの予備役召集が示すように、アメリカ国内の恥ずべき徴兵状況にも対処する必要があるのは明らかだ。ジョー・バイデンの覚醒政策と政治的粛清は、多くの偉大な愛国者たちを兵役から遠ざけている。彼らは軍務に就きたくないのだ。率直に言って、彼らは大統領を軽んじている。それが大きな要因だ。私は、アメリカ軍の誇り高い文化と名誉ある伝統を回復する。そして、マルクス主義も共産主義も認めず、ファシストも排除する。

改革公約声明集

ドナルド・トランプは新たなミサイル防衛シールドを構築する

Agenda47-2023/02/02

President Trump Will Build a New Missile Defense Shield

https://www.donaldjtrump.com/agenda47/president-trump-will-build-a-new-missile-defense-shield

トランスクリプトの和訳

核兵器と極超音速ミサイルという致命的な脅威ほど危険なものはない。

極超音速ミサイルは音速の何倍もの速さで移動し、現在のミサイルの6倍の速さである。核兵器で武装すれば、数分以内に都市全体、さらには国全体を消滅させることができる。

私たちはこのような事態を絶対に許してはならない。これは使ってはいけない言葉だ。私の政権時代には一度も使われたことはなかったが、今や他国がこの言葉を私たちに対して使っている。第3次世界大戦は、これまでにない大惨事となるだろう。そうなれば、第1次世界大戦も第2次世界大戦も、ごく小さな戦いのようなものになるだろう。

そのような紛争が決して起こらないようにする最善の方法は、比類なき技術と比類なき戦力で備えることである。

この目的を達成するために、私が最高司令官である時、私たちは軍の再建に非常に良い仕事をした。私たちは軍全体を再建した。もう一度、私は議会や偉大な軍指導者たちと協力するつもりだ。テレビで見るような指導者ではない。彼らと協力して、最先端の次世代ミサイル防衛シールドを構築するつもりだ。イスラエルがかつて不可能だと考えられていたアイアンドームによって守られているように、アメリカも国民を守るために侵入不可能なドームを持たなければならない。我々はイスラエルと協力してそのドームを開発した。彼らだけでなく、私たちも頼りにしていた。

我々には比類なき技術があるが、過去の指導者たちはそれを使おうとはしなかった。私は誰も可能だと思わなかったレベルで軍を再建したが、これからはさらなるステップに進まなければならない。極超音速ミサイルがどこから発射されようとも、私たちは祖国、同盟国、そして世界中の軍事資産を極超音速ミサイルの脅威から守ることができなければならない。

敵対する国々は、我が祖国に対してミサイルを発射する勇気があれば、アメリカではなく自分たちが完全に破壊されることを理解しなければならない。

私のリーダーシップの下で発足した宇宙軍は、非常に重要な役割を担うことになる。私たちが行ったことは、それほど重要なことだったのだ。民主党はずっと私たちと争っていたが、私たちは79年ぶりに新しい軍隊を発足させた。

私が軍隊、特に核戦力を再建したように、私はミサイル攻撃からアメリカを守るシールドを構築する。私たちは力による平和を手にする。私の政権時代には戦争はなかった。戦争はなかった。私たちが強かったから、相手もそれを知っていて、彼らはゲームをしたくなかったし、ふざけたこともしたくなかった。

改革公約声明集 AGENDA 47

Agenda47-2023/01/11

ドナルド・トランプ、オンライン検閲における情報機関の役割について調査を要請

President Donald J. Trump Calls for Probe into Intelligence Community's Role in Online Censorship

https://www.donaldjtrump.com/agenda47/president-donald-j-trump-calls-for-probe-into-intelligence-communitys-role-in-online-censorship

トランスクリプトの和訳

今や有名になった、X（旧ツイッター）上の投稿は、FBIの腐敗した役人たちが、アメリカ国民に対して、そして率直に言って私に対して、大規模な検閲、監視、プロパガンダ・キャンペーンを調整してきたことを、疑いの余地なく証明してきた。

最も最近の、そして悪名高い例では、FBIはバイデン・ファミリーの犯罪性について真実が語られるのを阻止するために働いた。彼らはそれが表に出るのを阻止するために懸命に働いた。そして2020年の選挙前の腐敗について、彼らはバイデン・ファミリーに関する悪い情報が表に出ることを望まなかった。選挙は不正に行われたのだ。

しかし、地獄からのバイデンの息子のラップトップの調査は、言論の自由に対する政府の侵害という物語の始まりにすぎない。私たちの国には言論の自由がなければならない。公正で自由な報道がなければならない。最近の報道で明らかになったように、FBIやその他の不正機関は、X（旧ツイッター）や恐らく他の

企業の高官に配置された元国家安全保障当局者と組織的に結託し、検閲体制を進めている。

この反アメリカ的な取り組み、それも非常に違法な取り組みは、COVID－19や公衆衛生に関する重要な問題、将来の選挙に関する反対意見を黙らせるために働いてきた。承認された公衆衛生のシナリオにあえて疑問を呈する医師や健康専門家を弾圧した。学校閉鎖、監禁、強制を批判する声を検閲した。科学的に証明された事実を述べただけで、人々を追放した。そして、中国について悪いことは何でも排除した。しかし、バイデンとバイデン犯罪ファミリーに関する悪いことは、それこそ地獄からのラップトップを見れば分かるように、絶対に表に出てきてほしくなかった。彼らが表に出したかったのは、あなたの大好きな大統領、私の悪口だった。トランプの悪口なら、たとえそれが真実でなくても、何でも公表する。

しかし、これはすべて合理的な科学とは何の関係もない。人命救助とは何の関係もなかった。政治や病んだイデオロギーとは無関係だった。政府が強力な企業と協力し、アメリカ国民であるあなたたちに対して権力を握ろうとしたのだ。そして、私たちはそれを続けさせることはできない。

X（旧ツイッター）での投稿は、違法な検閲体制を解体する私の計画が緊急に必要であることを証明している。加害者の犯罪を起訴し、すべてのアメリカ人に言論の自由を取り戻すこと、それがとても重要だ。報道の自由、言論の自由、公正な選挙、そして国境が必要なのだ。

新議会は直ちに公聴会を開き、合法的な言論を検閲しているFBIやその他の連邦機関の役割を調査すべきである。議会の指導者たちは、この目標のために速やかに召喚状を発行すべきである。

今回の暴露はまた、私が提案したディープステート（実際にディープステートが存在する）との間の癒着を終わらせる理由を浮き彫りにしている。私は信者ではなかったが、今は誰もが信者だ。これらの強力な機関の職員が主要なプラットフォームで仕事をすることを許される前に、7年間の冷却期間を設けなければならない。

私が大統領になったら、私たちは自由を取り戻す。私たちの国を取り戻すのだ。

このパートで取り上げる「プロジェクト2025」のポイント

◆国務省と国防総省における部局を廃止し再編する。

◆国務省:移民政策と安全保障政策の見直しを図るとともに、同盟国と敵国のそれぞれにアメリカの行動を示すガイドラインを明確にする。また、国務省の政策実行の効率性を高めるために、対外援助当局の統合を行う。

◆国防総省:陸軍部隊を近代化、宇宙開発局の強化、宇宙軍の強化、核の近代化、軍備と情報の管理強化、アメリカ海兵隊の人事改革など。強いアメリカ軍の再建を目指す。

◆情報機関全体の改革。大統領の権限を強化し、独走せず大統領の指令で動くような機関にする。

取り上げている「共通の防衛／The Common Defence」に関しては執筆者名の記載が見当たらないが、恐らく編者のポール・ダンス、もしくはスティーヴン・グローヴスによるものではないかと思われる。前者についてはPART3で、後者についてはこのパートの最後で紹介しておく。

改革実行案

Project2025-SECTION02-p087

共通の防衛

THE COMMON DEFENCE

「Mandate For Leadership」から関連部分を要約・和訳

①国務省における部局の再編

●対外援助機関の統合

国家安全保障顧問や国防総省などの他の機関と連携することは、アメリカの外交政策目標を達成するために重要だ。対外援助機関を統合することで全資源の調整が改善され、外交政策が国家の利益に合致するようになる。

●移民政策と国内安全保障政策の見直し

国務省は、アメリカの安全保障と利益を脅かす国々に対する外交努力を主導する。移民政策と国内安全保障政策の見直しにより、進化する課題に対応し、国家安全保障の優先事項を満たす。ビザ制度の見直しや安全対策の強化で、アメリカの利益を守る。

●同盟国と敵対国へのガイドラインの明確化

同盟国や敵対国への姿勢を明確にするためには、戦略的な計画と明確なコミュニケーションが必要となる。許容できる行動に関するガイドラインを定めることは、効果的な外交政策に欠かせない。

●政治任用者間の連携

次期大統領は、アメリカの世界的な役割に関するビジョンを再構築する機会を持つ。そのためには、キャリア官僚の専門性を最大限に活用し、政治任用者間の連携を強化する。

②アメリカ軍の改革と強化

●陸軍の資産売却と近代化

アメリカ陸軍は、M1エイブラムス戦車などの資産の売却や砲台の削減で、リソースを再分配している。この資金で、ロケット砲や軽装甲車、無人航空機システムなどを導入し、作戦能力を向上させる。

●宇宙開発局（SDA）の強化

SDAは空軍、陸軍、海兵隊の効果を高めるため、宇宙作戦を推進する。軍事教育の強化や、海軍の造船を戦略に合致させること、軽水陸両用戦艦の開発などに取り組む。

●アメリカ宇宙軍の強化

アメリカ宇宙軍は、安全な通信、早期警戒能力、輸出可能な防衛システムの開発を優先する。武器販売プロセスを効率化することで、国際的なパートナーシップを高める。

●核の近代化

陸上ミサイルや潜水艦ミサイル、戦略爆撃機の核三極体制を維持するため、近代化を進める。核抑止力を維持するため、核能力に投資し、インフラを整備する。

●軍備と情報の管理強化

安全保障上の課題に対応するため、効果的な軍備管理と情報協力を強化する。データ分析を活用し、空軍の戦闘能力を高める。

●アメリカ海兵隊の人事改革

アメリカ海兵隊は、進化する作戦要件に応えるため、陸軍の階級制度に合わせて人事構造を整える。また、サイバー作戦を拡大し、サイバー司令部の能力を強化する。

③国務省と国防総省の方針変更

●国務省

移民政策と安全保障政策の見直しを図るとともに、同盟国と敵国のそれぞれにアメリカの行動を示すガイドラインを明確にする。また、国務省の政策実行の効率性を高めるために、対外援助当局の統合を行う。

●国防総省

改革案はアメリカ軍に集中している。それらは、陸軍部隊を近代化、宇宙開発局の強化、宇宙軍の強化、核の近代化、軍備と情報の管理強化、アメリカ海兵隊の人事改革など。

Project2025_SECTION2-07_p201

共通の防衛：情報コミュニティ

THE COMMON DEFENSE: INTELLIGENCE COMMUNITY ——— *Dustin J. Carmack*

「Mandate For Leadership」から関連部分を要約・和訳

①ＣＩＡ

●大統領の意向に忠実な責任者の選出

次期大統領と大統領人事局が、必要な人事と構造改革を通じてミッション主導の文化を醸成できるＣＩＡ長官候補を特定することを提案する。これには、退任する政治家の「潜り込み」を防ぐために現在の採用を中止し、任命者が大統領のアジェンダに密接に沿うようにすることも含まれる。

●大統領の指示に従う

ＣＩＡの焦点は、大統領の指示による効果的な対外情報収集と諜報活動であるべきである。ＣＩＡは政治的偏見を持たずに行動し、大統領の外交政策目標を効果的に実行する必要性がある。そのためには、アメリカの利益を促進するために計算されたリスクを取ることを約束する断固としたリーダーシップが必要である。

●大統領の指示に応えられる人事に改革

十分な説明責任を果たすことなく拡大し続けるＣＩＡの官僚機構を合理化することが、求められている。大統領はＣＩＡ長官に対し、様々な部局やミッション・センターで新たな指導者を登用し、大統領の指示に確実に応えられるようにするよう指示すべきである。

●リスクを取る行動

ＣＩＡはＯＳＳ（Office of Strategic Services：第2次世界大戦時の諜報機関）のような組織に再注力し、リスクテイクと効果的な現場活動を重視するように改革する。ＣＩＡは、リスクの高い状況下で効果的に活動できる、多様な技能と経歴を持つ人材を優先的に採用すべきである。

② ＦＢＩ

●業務の独立性と監視

ＦＢＩが不当な政治的干渉を受けることなく、法の支配の維持と国家安全保障措置の効果的な実施に明確に重点を置いて運営されるように改革する。

●防諜とサイバーセキュリティに重点を置く

ＦＢＩは国内防諜の主導機関として認識されており、特に中国やロシアのような国家主体によるサイバーセキュリティの脅威やスパイ活動に対処する任務を負っている。ＦＢＩがその役割を効果的に果たすためには、さらなるリソースと法的権限が必要である。

●省庁間の連携

特に防諜・安全保障活動において、ＦＢＩと他の情報機関との連携強化が極めて重要である。これには、国家安全保障上の脅威により効果的に対処するための、より良い統合と資源の共有が含まれる。

●採用と配属

ＦＢＩの採用、入局、定着には現在も課題がある。これらのプロセスを強化し、ＦＢＩが進化する安全保障上の課題に効果的に対処するために必要な人材を引き付け、維持できるようにするための改革が必要だ。

このパートに登場する
「Mandate For Leadership」の
執筆者・編者について

㊍ポール・ダンス／*Paul Dans*

PART 3 を参照。

㊍スティーヴン・グローヴス／*Steven Groves*

政策キャンペーン担当ディレクターおよびマーガレット・サッチャーフェローとして、アメリカの主権、自治、独立を守り維持する活動に従事している。2017 年から 2020 年にかけて、前・共和党トランプ政権で複数の役職を務め、最初は国連米国代表部でニッキー・ヘイリー大使の首席補佐官を担当。その後、ホワイトハウスに加わり、大統領特別補佐官および特別顧問補佐官に任命される。2016 年の選挙へのロシアの干渉をめぐるロバート・ミュラー氏による調査において、ホワイトハウスを代表し、調査終了後もホワイトハウスで報道官代理を務めた。

㊍ダスティン・J・カーマック／*Dustin J. Carmack*

元ヘリテージ財団研究員、サイバーセキュリティ、インテリジェンス、新興技術、国境警備・移民問題担当。

PART 6

規制緩和と市場の活性化、そして金本位制による経済改革

改革公約声明集「アジェンダ47」と改革実行案「プロジェクト2025」の要旨を読み解く

経済に関する改革案は、他と比べてもかなり激しいものになっていると言えるだろう。徹底した規制緩和と不要な部局の廃止、大規模な減税、そして国際協定や国際機関からの脱退を骨子にしている。

規制緩和と市場を活性化することで経済成長は加速できるとする一方で、社会のセーフティネットの整備は政府の責任ではなく、地方自治体の政策、また富裕層の自主的な活動に委ねられるべきだと見ている。

また、連邦準備制度理事会（ＦＲＢ）の改革案は際立っている。気になるのは「プロジェクト２０２５」で主張されている金本位制の導入についてだ。これは１８１６年にイギリスが世界で初めて導入し各国に広まった仕組みで、中央銀行が発行した通貨と同額の金を保有し、いつでも相互に交換することを保証する。しかし、通貨の量が保有する金の総量によって規制されるため、政府と中央銀行が資金的な余裕を持つことができず、積極的な景気刺激策の展開、セイフティーネットの構築、また健康保険や年金を支給する、といったことを行うのが難しい。結果、社会が不安定になっても対処することができず、ファシズムのような極端な思想運動の台頭、第２次世界大戦の引き金となった。

戦後は社会矛盾を緩和する方法として、政府が必要な資金を金の保有量に規制されずに自由に使うことのできる管理通貨制へと世界は一斉に移行。先進国では革命や戦争のような極端な事態の発生が回避され、長期の安定が実現している。しかし、もしこれが実行されれば、アメリカ政府の経済や金融政策が根本的に変わるだけではなく、世界経済と金融市場全体にも計り知れない影響があるだろう。

このパートで取り上げる「アジェンダ47」のポイント

◆経済成長を加速するために、規制を撤廃してエネルギー生産を増加し、インフレを抑制する。

◆民主党バイデン政権の増税策を撤廃し、金利を引き下げる。

◆インフラを大規模に再構築するとともに、大幅な規制緩和で経済成長を加速させ、アメリカ国民の生活水準を飛躍的に向上させる。

◆アメリカ人の稼いだ貯蓄と投資を過激な金融詐欺から守るため、陰湿な「環境・社会・ガバナンス」（ESG）投資を再び禁止する。

◆戦略的国家製造業構想を立ち上げ、アメリカを再度製造業の大国にして、地域経済の産業を活性化させる。これにより国民の所得を引き上げつつ、アメリカ人の生活費の引き下げを行う。

◆低所得者世帯の戸建て所有を促進する自由都市を建設する。遅れたアメリカの交通インフラを刷新し、1950年代に実施された州間高速道路システム以来の交通システムの大革命を開始する。

◆現在のアメリカ経済を、製造業を中心とした体制にシフトさせて、分厚い中間層の再構築を目指す。

Agenda47-2023/03/17

ジョー・バイデンは経済に大失敗をもたらした

Joe Biden Has Been a Disaster for the Economy

https://www.donaldjtrump.com/agenda47/agenda47-joe-biden-has-been-a-disaster-for-the-economy

トランスクリプトの和訳

ジョー・バイデンの経済政策は大失敗だった。彼の大増税、反エネルギー政策、何兆ドルもの無駄遣いの間に、バイデンは過去半世紀で最高のインフレを引き起こした。その結果、金利は破滅的なレベルまで高騰した。そして今、ほんの2年前までは誰もあり得ないと信じていた銀行の破綻が起きている。ジョー・バイデンは私たちを大恐慌へと導いている。私はずっと前から言ってきた。救済措置は取るべきではない。

しかし、できるだけ早くこの経済を立て直す必要がある。我々は非常に危険な道に向かっている。私がホワイトハウスに戻ったら、直ちにエネルギー生産を解放し、わずか3年前に行ったように規制を削減し、バイデンの増税を廃止してインフレ率をできるだけ早く低下させる。私は世界史上最大の経済を築いた。考えてみれば、私はそれを2度行っている。

Agenda47-2023/03/03

アメリカの生活水準を革新する新たな量子的飛躍

A New Quantum Leap to Revolutionize the American Standard of Living

https://www.donaldjtrump.com/agenda47/agenda47-a-new-quantum-leap-to-revolutionize-the-american-standard-of-living

トランスクリプトの和訳

歴代のアメリカ人は、かつては絶対に不可能と思われた大きな夢や大胆なプロジェクトを追い求めた。彼らは未開の大陸を横断し、荒野のフロンティアに新しい都市を建設した。州間高速道路システムによってアメリカ人の生活は一変した。そして、地球を周回する人工衛星の広大なネットワークを打ち上げた。しかし今日、我が国はその大胆さを失っている。私のリーダーシップの下、私たちはそれを大きく取り戻すだろう。

ほんの3年前を振り返れば、私たちの行っていることがいかに素晴らしく、我が国にとっていかに偉大なことであったかは、想像を絶するものだった。私たちの目標は、アメリカの生活水準を飛躍的に向上させることである。それが実現するのだ。そのための方法をいくつか紹介しよう。アメリカの国土のほぼ3分の1は連邦政府が所有している。その土地のごく一部、つまり1パーセントの2分の1が連邦政府に所有されているのである。

私たちは、最大10の新都市を建設するコンテストを開催し、最も優れた提案に賞を与えるべきだ。つまり我が国に再び新しい都市を建設するのだ。これらのフリーダムシティは、フロンティアを再び開拓し、アメリカ人の想像力を再燃させ、何十万人もの若者やその他の人々（勤勉な家族）に、持ち家やアメリカンドリームを手に入れる新たなチャンスを与えるだろう。

もう1つの大きなチャンスは運輸業である。アメリカと中国の大手企業数十社が、家族や個人向けのドローンの開発にしのぎを削っている。前世紀にアメリカが自動車革命を主導したように、私は中国ではなくアメリカが航空モビリティの革命を主導することを保証したい。

これらの画期的な技術は商業を一変させ、アメリカの農村部に巨大な富の注入をもたらし、新しい方法で家族と国をつなぐことができる。同様に、私たちの戦略的国家製造イニシアティブは非常に大きく、非常に大きな成功を収め、忘れ去られた地域社会を産業の巣に変え、もはや中国から輸入することのない商品を生産する。

また、生活コストの引き下げについても大きなイニシアティブをとり、特に新車の購入コストと一戸建て住宅の建設コストの引き下げに重点を置く。そして、美しい住宅を建設する。さらに、新たなベビーブームの立ち上げを支援するため、若い親たちに対する「ベビーボーナス」の支援を議会に要請する。

つまり醜い建物を取り除き、公園や公共スペースを改修し、都市や街をより住みやすくし、自然のままの環境を確保し、真のアメリカン・ヒーローのためにそびえ立つモニュメントを建設する。

非常に重要なのは、これらの新しい場所がすべて安全であると確認することだ。私たちは警察を愛し、大切にしている。彼らは必要な仕事をする。

今こそ、我が国の「偉大さ」について再び語り始めるときだ。私は生活水準を飛躍的に向上させ、興奮と機会、そして成功を通じて、この国がひとつになる未来を築く。

Agenda47-2023/02/25

ドナルド・トランプ、急進左派のESG投資からアメリカ人を守るために先頭に立ち続ける

President Trump Continues to Lead on Protecting Americans from Radical Leftist ESG Investments

https://www.donaldjtrump.com/agenda47/agenda47-president-trump-continues-to-lead-on-protecting-americans-from-radical-leftist-esg-investments

トランスクリプトの和訳

私は大統領として、ウォール街や雇用主が政治的な理由で、いわゆるＥＳＧ（Environmental, Social, and Governance）投資に４０１Ｋ（確定拠出年金）や退職金口座を投入することを禁止する歴史的な規則を発布したことを非常に誇りに思っている。この人たちは病気だ。このようなパフォーマンスの悪い詐欺まがいの金融商品は、急進的な左翼のゴミであり、単独で資金を提供することはないだろう。

ＥＳＧスキーム全体が、あなたの退職金を急進左派の狂人に流すように設計されている。私のリーダーシップの下で発行された規則は、世界で初めてのＥＳＧ禁止規則だった。議会や全アメリカの共和党議員がこの脅威に目覚め、私の指導に従ったことを嬉《うれ》しく思う。

しかし残念なことに、ジョー・バイデンは私のＥＳＧ規則を骨抜きにし、今や彼の労働省のファンド・マネージャーは高齢者が苦労して稼いだ貯蓄で政治的な駆け引きができると宣言した。バイデンはすでに

401Kを潰してしまった。私が在籍していた頃の401Kを見ると、ロケットのようにまっすぐ上昇していた。そして今は、そのロケットが墜落するような勢いだ。

しかし、年金や退職金口座は、彼の過激さと無能さによって、大きく下落し、誰もこんな状況は見たことがない。彼の行動によって、あるいはこの行動によって、彼はあなたのマネーを、あなたを犠牲にして左翼の意味のない大義に資金提供するために使おうとしている。

そのツケが回ってきている。私がホワイトハウスに戻ったら、大統領令に署名し、議会の支持を得て、アメリカの退職金口座から政治を永遠に遠ざける法律を制定する。

私は、ファンドがあなたのマネーを、彼らではなく、あなたを助けるために投資するよう要求する。急進左派の共産主義者を助けるためではない。私は再び、以前と同じように、過激な左翼から高齢者を守る。過激な左翼は悪いニュースである。彼らは国を破壊する。

このパートで取り上げる「プロジェクト2025」のポイント

◆徹底した規制緩和と不要な部局の廃止、大規模な減税、金融規制の改善、OECDのような国際機関からの脱退。

◆FRBの職務権限から「完全雇用」を削除し、物価の安定のみに焦点を当てるよう求める。

◆金本位制を導入。1ドルを2000分の1オンスの金と交換できるようにしてドルの価値を金で裏付ける。ドルの発行量はFRBの金の保有量に規制されるようになるため、現在のようなインフレを起こりにくくする。

◆米国債を買い取り、ドルの増刷を際限なく続けているFRBに代わる別組織を立ち上げる。

◆中央銀行デジタル通貨（CBDC）の設立を阻止。

財務省とFRBの改革については複雑な話になるため、本パートだけ例外的により詳しい説明をコラムで追加した。

Project 2025

Project2025_SECTION4-22_p691

経済：財務省

THE ECONOMY: DEPARTMENT OF THE TREASURY
— *William L. Walton, Stephen Moore, and David R. Burton*

「Mandate For Leadership」から関連部分を要約・和訳

バイデン政権の財務省は、同省の中核的目標の達成にことごとく大失敗した。バイデン政権発足後の２年間で、国家債務は４兆ドル以上膨張し、国家の財政状況はかつてないほど悪化した。バイデン政権ほど財政的に無謀な大統領は、現代ではまだしも恐らく過去にはいない。

過去40年間で最悪のインフレにより、アメリカの通貨ドルの健全性と安定性が危機に瀕している。課税、支出、借入、規制、紙幣印刷というバイデンの経済戦略によって、アメリカの家庭はより貧しくなった。

なぜバイデン政権は、そのミッションの事実上すべての要素を達成できなかったのか？　次期政権は、財務省の任務と主要使命から外れた活動を抑制するために断固とした行動をとらなければならない。財務省は、経済成長、繁栄、経済安定の促進という中核的使命に再び焦点を合わせなければならない。

Yasushi's Column　財務省の改革について

改革の内容は、共和党トランプ陣営の連邦政府解体論に基づく小さな政府の理念を基礎にしており、次の３つがポイントになっている。

★財政責任の明確化と徹底した規制緩和

①財政責任

増税せずに連邦予算を均衡させせること、連邦財務諸表の透明性を促進すること、低金利を固定化するための長期国債を提唱すること。

②金融規制の改善

金融規制の枠組みの再構築を求め、機関の統合とドッド・フランク法の改正により、イノベーションの促進、規制コストの削減、システムの効率化を図る。

③マネーロンダリング防止と実質的所有権の報告

中小企業の規制負担を軽減し、より透明性の高い報告とマネーロンダリング防止努力の有効性の評価を義務付ける。

★大規模な減税

④税政策と管理

税率の引き下げと幅広い課税基盤を通じて、労働、貯蓄、投資のインセンティブを高めるための税制改革を提唱する。税制の簡素化、法人税率の引き下げ、2重課税をせずに投資を促進するためにすべての国民に貯蓄口座を持たせる提案など。

★国際協定や国際機関からの脱退

⑤国際機関からの脱退

ＯＥＣＤなど、アメリカの利益に反する政策を押し付けると思われる特定の国際協定や組織からの脱退を提言。グローバルミニマム税構想に固執することなく、国家安全保障とアメリカの経済成長を高める政策に集中することを提案。

⑥ **気候協定からの離脱**

気候変動にかかわる部局を解体し、気候協定から離脱する。気候協定は、世界の気候パターンに大きな影響を与えることなく、経済成長を阻害するものである。

⑦ **中国と地政学的脅威**

中国のアメリカ資産への投資をより綿密に精査し、中国の脅威に対処するための優先事項を再編成する。

✪ バイデン政権のアプローチに対する批判

⑧ **財政管理**

国家債務の膨張を批判し、インフレ率の上昇と平均世帯収入の減少を指摘し、アメリカ経済の管理不行き届きを主張。

⑨ **気候変動対策〝アジェンダ〟の廃止**

公平性と気候変動に焦点を当てることは、財務省の中核的使命から逸脱する。これらの分野に焦点を当てた新しいオフィスやイニシアティブの廃止を提案。

✪財務省の組織と政策の改革

⑩財務省の組織

人種平等と気候変動に関連する部局を廃止し、伝統的な経済と金融安定の役割に再注力するよう提唱。

⑪内国歳入庁の近代化

内国歳入庁を近代化するため、ＩＴシステムを更新し、納税者の権利を保護する。

Project 2025

Project2025_SECTION4-24_p731

経済：連邦準備制度

THE ECONOMY: FEDERAL RESERVE

Paul Winfree

「Mandate For Leadership」から関連部分を要約・和訳

連邦準備制度の権限は「最大限の雇用、安定した物価、適度な長期金利」を含むものへと拡大された。２００８年の世界金融危機を受けて、連邦準備制度の銀行および金融規制当局の権限はさらに拡大された。大不況はまた、中央銀行による追加の大規模資産購入などの改革も行われた。

これらの拡大策は、併せて「大きすぎて潰せない」金融機関に関連する重大なリスクを生み出し、政府債務の増大を促した。こうした展開は、連邦準備制度の経済的中立性を損なう結果となった。これを改革しなければならない。

Yasushi's Column　ＦＲＢの改革について

財務省の改革案は、徹底した小さな政府を主張し、徹底した規制緩和と減税、そして国際条約と協定からの離脱を主張するものであった。しかし、次のＦＲＢの改革案はさらに過激である。

★ ＦＲＢの役割から完全雇用を外し、物価の安定だけを目標にする

① ＦＲＢは物価の安定を焦点

ＦＲＢの職務権限から「完全雇用」を削除し、物価の安定のみに焦点を当てるよう求める。

② インフレと成長目標の明示

ＦＲＢにインフレ率の目標範囲を明示し、具体的な成長軌道を国民に知らせるよう、選挙で選ばれた当局者に強制させる。悪政を事後的に正当化するような「柔軟な平均インフレ目標」はもう存在すべきではない。

③ FRBの銀行規制は自己資本比率の維持に限定

規制活動は銀行の自己資本比率の維持に集中させる。選挙で選ばれた政府高官は、FRBの金融安定性マンデートを改正することを含め、FRBがESGの要素をそのマンデートに組み入れることを取り締まらなければならない。

④ 大きな銀行の救済はしない

FRBの過剰な最後の砦的《とりで》融資慣行を抑制する。こうした慣行は、「大きすぎて潰せない」と金融システムにおけるモラルハザードの制度化の直接的な原因となっている。

✪ 金本位制を導入し、FRBは将来的に別組織に

⑤ FRBに代わる別組織を立ち上げる

FRBの使命、FRBに代わる制度、国の金融規制機構を検討する委員会を任命する。

⑥ ドルを金の価値で裏付ける

1ドルを2000分の1オンスの金と交換できるようにして、ドルの価値を金で裏付ける。実質的に金本位制を導入する。

★CBDC（中央銀行デジタル通貨）の導入阻止

⑦CBDCの阻止

CBDCの設立を阻止する。CBDCは既存の技術で利用可能な付加的な利点を提供することなく、金融取引の前例のない監視と潜在的な管理を提供することになる。

これはFRBの機能と役割を本質的に転換してしまう改革案だ。それがどういうことなのか解説しよう。

★中央銀行の役割の再定義

この改革案で特に重要なのは、次の⑧と⑨である。これがFRB改革案の中核になる。これを理解するためには、中央銀行の責任と使命がそもそもどういうものであるのか知っておくことが重要だ。

今はどの国にも金融システムの安定化のために中央銀行が存在しているが、次の2点がその基本的な役割と責任になる。

⑧ 物価の安定
⑨ 雇用の安定

まず⑧だが、これは物価を安定させるために、通貨の供給量を調整することを意味する。供給力の不足、需要の突然の増大など物価は様々な要因で変動するが、通貨の供給量も変動の重要な要因である。通貨供給量が大きくなり貨幣価値が下落すると、物価は高騰する。また逆に、通貨供給量が少なくなり貨幣価値が上昇すると物価は下がる。物価が需要と供給に影響を与える内外の様々な要因で変動するが、中央銀行の役割は、こうした環境の変化に合わせて通貨供給量を調整させることで、物価を安定させることである。

中央銀行はこれを、金利の引き上げや引き下げを通して実施する。

そして⑨だが、これは政府が実施する経済政策を支援することである。雇用の安定とは、大幅な失業率の上昇や、労働力に対する需要の極端な上昇がないように、景気を調整することである。政府はなるだけ完全雇用に近付くように、景気の下降を防止し、また過熱を抑える経済政策を実施している。政府のこうした政策を積極的に後押しするのが、中央銀行の第2の役割である。

例えば、景気が冷えきり不況になって失業率が増大しそうなとき、政府は国債を発行して財源を確保し、様々な景気刺激策を実施する。中央銀行はこれを後押しするために政府が発行した国債を積極的に買い取り、政府の財源確保を後押しする。また、不況による倒産の激増で銀行が不良債権を抱え、破綻する危険性が高くなると、中央銀行は不良債権を買い取ったり、巨額の融資を実施するなどして銀行に資金を注入し、金融危機の拡大を抑える。このように中央銀行は、政府の経済政策を積極的に後押しすることで、雇用の安定化を図る。

この2つの役割はどの中央銀行にもある普遍的なもので、もちろんFRBも同じである。

✪ 雇用の安定の放棄と国債買い取りの停止

さて、「プロジェクト2025」のFRB改革計画は、中央銀行の2つの基本的な役割のうち、①にある通り、雇用の安定を放棄し、物価の安定だけにその役割を限定するというものだ。これは④

の、銀行への融資を抑制して、金融危機のときに潰れる銀行は潰すという提言にも現れている。雇用を安定させるために、必要となる政府の経済政策を支えるという役割は、放棄するというのだ。

引用した7つのポイントでは明示されてはいないが、これはFRBが米国債の買い取りを大幅に縮小することを必然的に意味する。なぜなら、安定した雇用のカギとなる景気の維持には、政府の経済政策による財政支出がどうしても欠かせないからだ。インフラ建設や、様々な産業分野への補助金などがこれに入る。FRBは政府の経済政策がうまくいくように、政府の発行する国債を積極的に買い取って、政府の政策実施を後押しする。

しかし、FRBがその役割として雇用の安定を放棄するのであれば、国債の買い取りで政府の景気安定化策を支援する必然性はないことになる。不況になると、FRBは物価を安定化させるために金利を下げて通貨の流通量を大きくするかもしれないが、国債や銀行の不良債権を積極的に買い取ったり、大規模な融資を実施するようなことはしない。

ということで、FRBは政府の国債を買い取る必然性はないことになる。「プロジェクト2025」のFRB改革案では、FRBの米国債買い取りは大幅に縮小するか、または全く実施されなくなる可能性が高い。政府は国債発行に依存することはできなくなり、これまでの経済政策の実施は実質的にできなくなる。

✪金本位制の導入

しかし、「プロジェクト2025」のFRB改革計画の過激さはこのような水準にとどまらない。この計画では、そもそもFRBは米国債の買い取りはできない。つまり買い取りに使える資金はFRBには与えられないのだ。それというのも、この計画の骨子にあるのは、金本位制の導入だからである。「プロジェクト2025」には以下のようにある。

「商品担保通貨。アメリカの歴史の大部分において、ドルは金と銀の両方で定義されていた。（中略）2012年と2016年の両党の党綱領は、金本位制への復帰の実現可能性を検討する委員会の設置を促し、2022年10月にはアレクサンダー・ムーニー下院議員（共和党）が金本位制復活法案を提出した。（中略）金による裏付けのプロセスは非常に簡単だ。財務省は、1ドルの価格を今日の市場価格である金1オンス当たり2000ドルに設定することができる。つまりFRBの各債券（ドル紙幣）は、FRBで償還され、1ドルを2000分の1オンスの金と交換することができる。（中略）銀行は、取引されたドルを財務省に送り、金と交換することで、金貨を補充することができる」

これはまさに、ドルの価値を金によって保証する金本位制の導入である。一方、完全な金本位制にするのではなく、中央銀行が必要に応じて通貨を発行できる現行の管理通貨制と並行して導入できるとして、以下のようにもある。

「全面的な裏付けにとどまらず、金の裏付けへの別の道として、金と交換可能な財務省証券や、現在の不換紙幣ドルと並行して並行金本位制を一時的に運用することを認めることも考えられる。さらに、連邦議会は、現在の制度を完全に置き換えることなく、個人が商品担保通貨を使用することを認めることもできる」

このように述べ、金本位制と現行の制度を併存させる「並行金本位制」も導入可能だとしている。しかしいずれにせよ、1ドルを2000分の1オンスの金によってドルの価値が裏付けられるのであれば、ＦＲＢは保有する金の総量を超えた通貨を発行することは、実質的にできなくなる。

それというのも、もし保有額を超えるドルを発行した場合、1ドルを2000分の1オンスとする交換レートが崩れるので、ドルは安くなるからだ。安くなると人々は、ドルへの信頼を失い、ＦＲＢに金との交換の要求が殺到する。この結果、ＦＲＢからは金が流出するので、金本位制の維持は難しくなる。このため、1ドル＝2000分の1オンスの交換レートを維持できるだけの金の量は保有しなければならない。

✪金本位制でアメリカ経済も世界経済も混乱

さて、このような金本位制を見ると、その導入はドルの価値の安定などプラスの面が多いように見える。しかし、これが導入されるととてつもないマイナス面も決して無視してはならない。

まず、並行的なシステムとしても金本位制が導入されるのであれば、ドル通貨の発行量がＦＲＢの金の保有量に限定されているだけに、ドルの価値は急騰する。ドルの価値は安定しながらも、極端なドル高になることは間違いない。価値の高い安定したドルによる資産の保有を投資家は好み、アメリカにドル建て投資が殺到するだろう。これは新興国など他の国々からの資本流出を招くため、世界経済に大変な影響を及ぼす。ドルベースが基本の金融システムは不安定になるだろう。

しかし、もっと影響が大きいのはアメリカ経済だ。金の保有量に関係なくＦＲＢがドル通貨を発行できる現行のシステムがあるからこそ、アメリカ政府は国債を発行して、社会を安定化させる様々な政策を実施できる。景気安定のための経済政策はもちろんだが、政府は様々なセーフティーネットを整備することもできる。ＦＲＢは保有する金の総量にドル通貨の発行額が限定される金本位制では、こうした政策は大幅に縮小されるか、または多くのものが実施できなくなる。

「プロジェクト2025」では、社会のセーフティーネットの整備は政府の責任ではなく、地方自治体の政策、また富裕層の自主的な活動に委ねられるべきだと見ている。しかし、この移行がスムーズに行われるとは到底考えられない。金本位制の導入は、世界経済とアメリカ経済、そして社会を大変に不安定にさせるだろう。

このパートに登場する「Mandate For Leadership」の執筆者・編者について

⊛ウィリアム・L・ウォルトン／ *William L. Walton*

プライベート・エクイティ・ファームであるラパハノック・ベンチャーズLLCと、長編映画制作会社ラッシュ・リバー・エンターテインメントの創設者兼会長。ウェブキャスト「On Common Ground with Bill Walton」の司会者でもある。

⊛スティーブン・ムーア／ *Stephen Moore*

ウォール・ストリート・ジャーナルの元編集委員。また経済問題に関するアメリカの保守派の作家でありテレビのコメンテーター。1983～1987年、また2014年よりヘリテージ財団に勤務。ハーマン・ケインとドナルド・トランプの大統領選挙キャンペーンに助言した。

⊛デビッド・R・バートン／ *David R. Burton*

ヘリテージ財団のトーマス・A・ロー経済政策研究所の上級研究員。同財団の経済政策シニア研究員として、証券取引法、資本市場、起業、金融プライバシー、税務、規制および行政法の問題に重点的に取り組む。

⊛ポール・ウィンフリー／ *Paul Winfree*

国内政策担当の大統領副補佐官、国内政策会議の副議長、前・共和党トランプ政権の予算政策担当ディレクター。他にも、ヘリテージ財団の経済政策および公共リーダーシップ部門の著名研究員、トーマス・A・ロー経済政策研究所の所長およびヘリテージ財団のリチャード・F・アスター研究員、フルブライト外国奨学金委員会の委員長を務めた。

PART 7

中国の台頭を徹底して阻止する改革

改革公約声明集「アジェンダ47」と改革実行案「プロジェクト2025」の要旨を読み解く

前・共和党トランプ政権は、中国に対する厳しい姿勢が際だった特徴だった。この方針は民主党バイデン政権にも引き継がれ、中国の台頭を抑えることがアメリカ政府の共通の方針になっている。対中国政策は、共和党と民主党が一致できる稀な方針だ。

しかし、今回共和党トランプ陣営によって用意された中国政策は前回のものとは比較になららない。中国の拡大を抑止できるのであれば、あらゆることを行うという強硬なものだ。こうした対中国強硬路線の方針は、外交、軍事、経済などあらゆる分野に共通している。

オーストラリア国防省のシンクタンク、オーストラリア戦略政策研究所（ＡＳＰＩ）が発表した「クリティカル・テクノロジー・トラッカー」の最新版では、防衛、宇宙、エネルギー、環境、人工知能、バイオテクノロジー、ロボット工学、サイバー、コンピューティング、先進材料、量子技術の主要分野にわたる64のクリティカル・テクノロジーをカバーした、第４次産業革命の中核となる産業分野における世界の開発状況をレポートしている。

このドキュメントを元に２００３～２０２３年の間の中国とアメリカを比較してみると、中国では３分野から57分野へと首位の数を伸ばしているのに対し、アメリカでは60分野から７分野へとその数を落としている。

アメリカは、量子コンピューティング、ワクチンおよび医療対策、核医学および放射線治療、小型衛星、原子時計、遺伝子工学、自然言語処理の分野でリードしているが、中国におけるテクノロジー分野の躍進は非常に大きなものだ。「アジェンダ47」と「プロジェクト２０２５」での中国排除政策は、中国に対するアメリカの恐怖を反映したものなのではないだろうか。

このパートで取り上げる「アジェンダ47」のポイント

◆中国によるアメリカ国内でのスパイ活動の増加と、中国がアメリカの主権を踏みにじることを許したバイデンの弱いリーダーシップを批判。中国のこうした活動を全面的に排除する。

◆アメリカが中国の支配下に落ちるのを防ぐために、国の国家的・経済的安全保障を脅かす現在の保有資産を売却するよう圧力をかけ、アメリカの未来がアメリカの手にしっかりと残るようにする。

◆アメリカ第一主義の貿易政策を採用して中国を排除し、戦略的国家製造業構想を元にアメリカの製造業を強化。雇用とビジネスが再び活気を取り戻すのを支援する。

◆中国にアウトソーシングするアメリカ企業への連邦政府契約の禁止を含め、すべての重要な分野における中国への依存を完全に排除するために、一連の大胆な改革を実施する。

改革公約声明集 AGENDA 47

中国のスパイ活動を阻止する

Agenda47-2023/02/03

Stopping Chinese Espionage

https://www.donaldjtrump.com/agenda47/stopping-chinese-espionage

トランスクリプトの和訳

中国がアメリカで何千人ものスパイを働かせていることについて、ほとんど言及されることはない。彼らはビジネス、金融、学術、テクノロジー、メディア、そして恐らく政府にも潜んでいる。非常に残念なことだ。

大統領として私は、アメリカにおける中国のスパイ活動を標的にするという唯一の使命を負った特別イニシアティブを司法省に設置した。ジョー・バイデンは、そのプログラムをすぐに打ち切った。そして、それが何らかの形で人種差別的であると示唆した。報道によると、これは私が学んだペンシルベニア大学ウォートン・スクール（悪名高いバイデン・センターがある）の１６０人の教授陣がメリック・ガーランドに書簡を送り、中国スパイ活動対策の即時中止を要求した直後のことだった。

議会は、ペンシルベニア大学、同大学の中国からの寄付者、バイデン・センター、バイデン一族の財務運営を徹底的に調査し、一体何が起こっているのかを解明する必要がある。

大統領として、私は、中国によるアメリカでのスパイ活動を抑制するために、どの政権よりも劇的な行動を取った。そして、私がホワイトハウスに戻れば、その取り組みは非常に、非常に大きな形で拡大されるだろう。

共和党を追い詰めるのではなく、改革されたＦＢＩと司法省が中国のスパイを追い詰めることになるだろう。企業や大学と新たなパートナーシップを構築し、内部からの脅威から身を守るための手段を彼らに提供する。

また、我々の要求と法律に従って、中国によるアメリカの機密情報へのアクセスを遮断するために必要なビザ制裁や渡航制限を課す。ＦＢＩは最近、中国がアメリカ国内で秘密警察を運営していることを認めた。どう思うだろうか？　共産党の鉄拳を振りかざし、支配している。考えてみてほしい。アメリカ国内の中国人に対する共産党の支配だ。考えてみてほしい。我々はそれを閉鎖する。完全に閉鎖する。

改革公約声明集

Agenda47-2023/02/28

バイデンの悲惨な貿易赤字削減でアメリカの独立を取り戻す

Reclaiming America's Independence by Slashing Biden's Disastrous Trade Deficits

https://www.donaldjtrump.com/agenda47/reclaiming-americas-independence-by-slashing-bidens-disastrous-trade-deficits

トランスクリプトの和訳

ジョー・バイデンの国家を破壊する政策の下で、貿易赤字はかつてないほど爆発し、雇用を奪い、工場を破壊し、アメリカの経済的未来を破壊している。私は大統領として、パンデミックの前に貿易赤字の削減に成功した。

今、バイデン政権は、かつてない歴史的な規模で富を流出させている。こうした巨大な貿易赤字は損失とも呼ばれる。昨年は中国に３８３０億ドル、世界中で1兆ドル近くを失った。これは我が国史上最大の貿易赤字である。

このような持続不可能な損失を通して、私たちは安価な使い捨ての消費財と引き換えに、中国に私たちの仕事、より多くの勝利、そして長期的な繁栄をどんどん渡している。私たちは愚かにも中国に数千億ドルを送り、中国はそのドルで私たちの不動産や工場、富を生み出す産業を買い占めている。

そして、中国はそのマネーで軍備を増強し、急速にそれを進めている。要するに、ジョー・バイデンはアメリカを従属と経済破滅への道へと導いているのだ。私のリーダーシップの下で、雇用を奪う巨大な貿易赤字に終止符を打ち、独立を取り戻し、大好景気を打ち立てる。

私が大統領だった頃、いわゆる専門家たちは、中国やメキシコ、その他の国々に対する私の政権の関税が経済を破綻させるとヒステリックに予測した。しかし、実際はその逆だった。正反対だ。

私の政策の下で、インフレはほとんど起こらなかった。驚異的な雇用創出。賃金は過去何年もないほど急速に上昇した。そして、1万7000を超える新しい工場が、ここアメリカで操業を開始した。私の戦略的国家製造業イニシアティブを通じて、私たちは再びそれを成し遂げる。私たちはこれまで以上に大きく、より良く、より強くなる。私たちは2年前に素晴らしい仕事をした。今回はさらに良い仕事をする。

改革公約声明集 AGENDA 47

Agenda47-2023/01/18

ドナルド・トランプは中国のアメリカ支配を阻止する

President Trump Will Stop China from Owning America

https://www.donaldjtrump.com/agenda47/president-trump-will-stop-china-from-owning-america

トランスクリプトの和訳

中国は我々の国を買い占めようとしている。

ワシントンの腐敗した民主党とRINO（名ばかりの共和党員）タイプの政治家たちが、無意味なグリーン・ニューディールや愚かな対外戦争に何兆ドルも費やし、地球上のあらゆる場所からやってきた不法入国者に贅《ぜい》沢《たく》な便宜を図っている一方で、中国はアメリカ経済の王冠の宝石を乗っ取るために何兆ドルも費やしている。そして彼らはそれを実行している。

中国は私たちの技術を買い占めている。食糧を買い占め、農地を買い占めている。鉱物と天然資源を買い占めている。港湾や海運ターミナルを買い占めている。そしてバイデン犯罪ファミリーのような腐敗した影響力の行商人の助けを借りて、中国はアメリカのエネルギー産業の柱さえ買い取ろうとしている。率直に言って、バイデンとそのグループは本当のエネルギーには関心がない。

中国が発電所や軍事基地の近くで購入していることに注目している人もいるが、実際には、アメリカ国内のすべてで中国共産党の活動を非常に懸念しなければならない。

以前から申し上げているように、経済の安全保障は国家の安全保障である。そしてアメリカは、中国が我々の重要なインフラを乗っ取ることを許すべきではない。私が大統領だった時も許さなかったし、私たちが再び大統領になった時も許さないだろう。

我が国を守るためには、エネルギー、テクノロジー、テレコミュニケーション、農地、天然資源、医薬品、その他の戦略的国家資産など、アメリカ国内のあらゆる重要なインフラに対する中国の所有権に、積極的な新たな制限を設ける必要がある。これらの不可欠な産業における、中国による将来の購入をすべて阻止すべきである。そして、私たちの国家安全保障を危険にさらす現在の保有資産を、中国に売却させるプロセスを開始すべきである。

そうしなければ、アメリカは中国に支配されることになり、中国は大喜びするだろう。私が大統領になったら、以前私が大統領だった時と同じように、アメリカの未来がアメリカの手にしっかりと残るようにする。そして、我が国はこれまで以上に強くなるのだ。

このパートで取り上げる「プロジェクト2025」のポイント

中国に対する排除の方針は、この文書のあらゆるセクションにちりばめられているが、その実施方法とともに、最も集中的にこの方針が述べられているのが国防総省と国務省の改革案である。

✪ 国防総省

◆中国をエスカレートする脅威として描き、アメリカと同盟国の利益を確実に守るために、軍事、技術、外交の各分野で包括的かつ協調的な防衛戦略が必要であるとする。

◆中国の台頭がもたらす課題に取り組む長期的なコミットメントを示す。

✪ 国務省

◆中国はアメリカの外交政策にとって極めて重要な関心事であり、中国の台頭がアメリカの国益や国際システムの安定に悪影響を及ぼさないようにするために、包括的かつ戦略的な対応が必要であるという構図を描く。

◆中国の世界的野心を効果的に管理し、対抗するためにアメリカの能力と同盟関係を強化することに重点が置かれている。

Project 2025

Project2025_SECTION2-04_p091

共通の防衛：国防総省

THE COMMON DEFENSE: DEPARTMENT OF DEFENSE

——*Christopher Miller*

「Mandate For Leadership」から関連部分を要約・和訳

✪ 国防総省の中国排除方針

① 戦略的敵対国

中国は主要な戦略的競争相手であり、アメリカの国家安全保障上の利益に対する重大な脅威である。中国はアジアを支配し、世界的に優位に立とうとしており、これはアメリカの利益と同盟国に対する直接的な挑戦となっている。

② 軍事増強と脅威

中国の歴史的な軍事力増強に焦点を当て、核戦力と戦力（核戦力と通常戦力の）投射を大幅に強化しなければならない。中国の軍事的発展は、特に台湾と西太平洋のアメリカの同盟国に対する直接的な脅威であり、アメリカと同盟国の強力な軍事的対応は緊急性が高い。

③ 政策と国防の優先順位

中国の行動には、アメリカの国防体制による緊急かつ断固とした対応が必要である。重要な戦略には、抑止力の強化、軍事即応態勢の強化、アメリカとその同盟国が中国による現状変更、特に台湾に関するいかなる試みも阻止できるようにする。

④ 核に関する懸念

中国の核兵器の急速な拡大は、特に重大な懸念である。アメリカの戦略的安定と核抑止力に大きな影響を与える。中国とロシアの両方に対する信頼できる抑止力を維持するために、アメリカの核戦力を大幅に近代化しなければならない。

⑤テクノロジーとサイバーセキュリティ

中国との技術競争、特にサイバー領域と先端技術に対する競争は激しい。サイバーセキュリティ、技術革新、中国のスパイ行為や窃盗から知的財産を守るための投資を増やす。

⑥同盟とグローバルな姿勢

中国の戦略的野心に対抗するための重要な方法として、特にアジア太平洋地域における同盟関係の強化が必要だ。同盟国との防衛負担の分担を拡大し、強固な集団防衛体勢を形成するために同盟国の軍事力を強化する。

⑦経済と産業の安全保障

中国と競争するためのより広範な戦略の一環として、中国のサプライチェーンへの依存を減らし、アメリカの産業・技術能力を強化する。

Project
2025

Project2025_SECTION2-06_p171

共通の防衛：国務省

THE COMMON DEFENSE: DEPARTMENT OF STATE

——*Kiron K. Skinner*

「Mandate For Leadership」から関連部分を要約・和訳

★国務省の中国排除方針

①戦略的競争相手

中国は一貫して主要な戦略的競争相手であり、アメリカの外交政策の中心的な焦点である。グローバルな舞台における中国の影響力と自己主張に対抗するため、様々な力の領域にわたって強固で協調的な対応をとる必要がある。

②経済的・軍事的挑戦

中国の広範な経済成長と軍事的拡張は極めて重要な課題である。一帯一路構想（ＢＲＩ）のような中国の戦略的イニシアティブや南シナ海での軍事活動は特に脅威であり、アメリカの利益や自由主義的国際秩序に対する直接的な挑戦である。

③人権とイデオロギーの問題

中国の人権記録、特に香港の自由、新疆《しんきょう》ウイグル自治区におけるウイグル人の扱い、そして国境内におけるより広範な抑圧は大きな懸念である。これらの問題は、中国による広範な戦略的挑戦の一環であり、民主主義的価値観と権威主義的慣行との間のイデオロギー的対立である。

④ **テクノロジーとサイバーセキュリティ**

中国の技術の進歩やサイバー空間での行動は我が国にとって大きなリスクである。アメリカは、中国のスパイ活動や知的財産の窃盗から技術的な優位性とサイバーセキュリティを守り、確保する。

⑤ **外交とグローバル・ガバナンス**

中国は自国の利益のためにグローバル・ガバナンスを再構築しようとしている。これには、国際組織における中国の影響力や、自国のアジェンダに有利なグローバル・スタンダードの推進が含まれる。

⑥ **同盟とパートナーシップ**

対応戦略では、中国の戦略的野心に対抗するため、アジアと世界における同盟とパートナーシップを強化しなければならない。これには、同盟国との安全保障上のコミットメントや経済関係の強化、多国間における統一戦線の確保などが含まれる。

⑦ **直接的な外交的関与**

アメリカは、気候変動のような様々な地球規模の問題で中国と直接関与する必要性は認識する。一方で、戦略的な領域では依然として活発に競争している。この競争と協力という2重のアプローチは、中国との複雑な関係を管理する上で極めて重要である。

⑧ **政策イニシアティブと提言**

中国が提起する課題に対処するための様々な政策イニシアティブがある。これらには、アジア太平洋における軍事力の強化、重要産業における経済的デカップリングの強化、中国の人権慣行に異議を唱えるための外交的プラットフォームの活用などが含まれる。

このパートに登場する
「Mandate For Leadership」の
執筆者・編者について

⍟クリストファー・ミラー／ ***Christopher Miller***

アメリカ合衆国の官僚、元軍人。トランプ政権で国家テロ対策センター所長に指名される。後に国防長官代行を担う。

⍟キロン・カニナ・スキナー／ ***Kiron K. Skinner***

アメリカの学者であり、元政府高官である。前・共和党トランプ政権下でアメリカ国務省の政策企画担当部長を担当。国務省を退職後はカーネギーメロン大学に復職し、2021年に退任。現在はペパーダイン大学公共政策大学院の国際関係・政治学教授であり、国家安全保障と公共リーダーシップの大学院コースを教えている。それ以前は、カーネギーメロン大学の国際関係・政治学教授であり、同大学政治戦略研究所および関連センターの初代所長などを務めた。

PART 8

ジェンダーフリーやLGBTQを廃止、自治体に公教育の運営を任せる教育改革

改革公約声明集「アジェンダ47」と改革実行案「プロジェクト2025」の要旨を読み解く

共和党トランプ陣営を支持する中心層は、「キリスト教を基盤とした家族こそが自立した共同体の最小構成単位」「家族が集まった地域共同体を国家の中核として捉える」という国家観を持つナトコンと呼ばれる存在であることについては先述したが、多くの日本人にとっては馴染みのないこの考えは、アメリカの保守層ではリアリティーのある見方となっている。

自立した家族と共同体の理想は、仕事に専念し家族を大切にし、禁欲的に生き、共同体の責任を果たすことが死後に天国に行くための条件であるとする、プロテスタントという宗教によってさらに強化された。

この国家観は福音派の様々な会合で力説されている。福音派教会の代表的な牧師であるロバート・ジェフリスは「アメリカはキリスト教国家である」と題したスピーチを行い、拍手喝采された。

「アメリカが政教分離の世俗的国家として建設されたというのは神話にすぎない。アメリカは基本的に正統的キリスト教徒によって建国され、神の普遍的な真理を基盤にしているというのが真実だ。さらに、我々の建国の父は、国家としての成功は、神の普遍的な言葉に従うかどうかにかかっていると信じていた。アメリカはキリスト教国家である。国家としての成功は、ひとえに我々が神の言葉に忠実であるかどうかにあるのだ」(2020年8月17日)

そして、こうした国家観を徹底するには、まず公教育の内容が変革されなければならないと主張する。キリスト教の倫理に基づく内容に公教育を変革し、アメリカ社会の原点である18世紀の共同体への回帰を目標とするのが、伝統的な保守思想に裏打ちされた考え方なのである。

このパートで取り上げる「アジェンダ47」のポイント

基本骨子になっているのは、民主党のバイデン政権が推し進めている政策に対する強い批判である。

◆バイデン政権が推進するジェンダーフリーとLGBTQを容認する教育、子どもの性転換に寛容という方向に強く反対。急進左派のリベラルな世界観の廃止など。

◆愛国的な教育機関、アメリカン・アカデミーを新設する。

◆ホームスクール制度の支援。条件付きではあるが、アメリカのどの州でも、学校に馴染めない子どもたちを親が家庭で教育するホームスクールが認められている。特にこの制度を活用しているのはプロテスタントの福音派となっている。

◆自治体に公教育の運営を任せる。

◆連邦政府の教育省を解体する。

◆職業訓練に注力し、教育において保護者の力を取り戻す。

改革公約声明集
AGENDA ★★★ 47

Agenda47-2023/02/01

左翼のジェンダーの狂気から子どもたちを守るドナルド・トランプの計画

President Trump's Plan to Protect Children from Left-Wing Gender Insanity

https://www.donaldjtrump.com/agenda47/president-trumps-plan-to-protect-children-from-left-wing-gender-insanity

トランスクリプトの和訳

私たちの子どもたちに押し付けられている左翼的なジェンダーの狂気は、非常に単純な児童虐待行為である。青少年に対する化学的、身体的、感情的な切断をやめるための私の計画はこうだ。

大統領就任初日に、私はジョー・バイデンのいわゆる「ジェンダー肯定ケア」に関する残酷な政策を撤回する。この残酷な政策には、子どもたちに思春期阻害剤を与え、身体的外見を変化させ、最終的には未成年の子どもたちに手術を施すことが含まれる。信じられるだろうか？

私は新たな大統領令に署名し、あらゆる連邦政府機関に対して、年齢に関係なく性や性別の転換という概念を推進するすべてのプログラムを中止するよう指示する。そして、私は連邦議会に対し、このような手術の促進や費用負担に連邦政府の税金が使われるのを恒久的にやめるよう要請し、50州すべてで子どもの性的切除を禁止する法律を成立させるつもりだ。あっという間に終わるだろう。

私は、未成年の青少年に対する化学的または物理的な切除に参加する病院や医療提供者は、メディケイドとメディケアのための連邦政府の医療・安全基準をもはや満たさないことを宣言する。

さらに私は、未成年の子どもたちに容赦なくこれらの処置を施した医師を訴える、被害者のための私的訴権の創設を支持する。

司法省は、大手製薬会社と大手病院ネットワークが、弱い立場の患者を犠牲にして金持ちになるために、「性転換」の長期にわたる恐ろしい副作用を意図的に隠蔽していないかどうかを調査する。この場合、非常に脆弱である。また、大手製薬会社やその他の企業が、ホルモン剤や思春期阻害剤を違法に販売していないかどうかも調査する。

私の政権の教育省は州や学区に対し、教師や学校関係者が子どもに「間違った体に閉じ込められている可能性がある」と示唆した場合、性差別による公民権侵害の可能性や連邦政府からの資金提供の停止など、厳しい結果に直面することを通達する。

教師の新しい資格認定機関の一部として、私たちは核家族、母親と父親の役割、そして男女の違いや個性を消し去るのではなく、祝福することについての前向きな教育を推進する。

私は、アメリカ政府が認める唯一の性別は男性と女性であり、それらは出生時に割り当てられるということを確立する法案を可決するよう議会に要請する。法案はまた、タイトル9（※1）が、男性が女性のスポーツに参加することを禁じていることを明確にする。そして、未成年の子どもが両親の同意なしに新しい性別とアイデンティティを持つことを強制されないよう、両親の権利を保護する。アイデンティティは新しいものではない。そして親の同意なしにはあり得ない。

まともな国なら、子どもたちに「間違った性別で生まれた」と言うべきではない。このような概念は、人類の歴史上一度も聞いたことがない。ほんの数年前、急進的な左翼がこの概念を生み出したのだ。

私のリーダーシップの下で、この狂気は終わるだろう。

※1　1972年に改訂された「教育法第9編」のことで、公教育における性差別を禁止した条項。

Agenda47-2023/07/17

教育機関に蔓延する急進左翼とマルクス主義マニアから学生を守れ

Protecting Students from the Radical Left and Marxist Maniacs Infecting Educational Institutions

https://www.donaldjtrump.com/agenda47/agenda47-protecting-students-from-the-radical-left-and-marxist-maniacs-infecting-educational-institutions

※2023年5月2日付けの同タイトルの声明はほぼ重複する内容のため本項に統合し割愛。詳細はパート2を参照。

トランスクリプトの和訳

何年もの間、大学の授業料は急激に上昇している。つまり学者がアメリカの若者を洗脳することに夢中になっている間に、授業料は急激に上昇しているのだ。かつての偉大な教育機関を急進左翼から取り戻すときが来た。

私たちの秘密兵器は大学認定制度である。アクレディテーションと呼ばれるのには理由がある。

アクレディテーションは、学校が学生や納税者から金をむしり取っていないことを保証するためのものだが、完全に失敗している。私がホワイトハウスに戻ったら、マルクス主義の狂人によって大学が支配されることを許してきた急進左派の認証評価機関を解体する。

そして、大学にもう一度、そしてきっぱりと真の基準を課す新しいアクレディターの申請を受け付ける。

これらの基準には、アメリカの伝統と西洋文明の擁護、言論の自由の保護、信じられないほどコストを押し上げる無駄な管理職の排除、マルクス主義者の多様性、公平性、左派官僚の排除、加速教育や低コストの学位取得の選択肢の提供、有意義な就職斡旋とキャリア・サービスの提供、学生が実際に学び、それに見合うだけの成果を得ていることを証明する大学入学試験と卒業試験の実施などが含まれる。

さらに私は、人種差別を続けている学校に対して連邦公民権訴訟を起こすよう司法省に指示する。そして、公平性を装って露骨な違法差別を続ける学校には、寄付金に課税するだけでなく、予算調整を通じて、寄付金の全額を上限とする罰金を科す措置を進める。

そして差し押さえられた資金の一部は、このような違法・不当な政策の犠牲者への賠償金として使われる。大学は勤勉な納税者から何千億ドルもの金を得てきたが、これからはこの反アメリカ的な狂気を一掃するのだ。

私たちはアメリカで本物の教育を受けられるようになる。

アメリカン・アカデミーの設立

Agenda47-2023/11/01
The American Academy
https://www.donaldjtrump.com/agenda47/agenda47-the-american-academy

トランスクリプトの和訳

ここ数週間、ハーバード大学をはじめ、かつては尊敬を集めていた大学の学生や教授陣が、イスラエルを攻撃した野蛮人やテロリストへの支持を表明しているのを目の当たりにし、アメリカ人は恐怖を感じている。他のどの国よりも高等教育に多額の資金を費やしているにもかかわらず、彼らは学生たちを共産主義者やテロリスト、様々な次元のシンパに仕立て上げている。今こそ、劇的に異なるものを提供するときなのだ。

今日私が発表する計画では、私立大学の過剰な寄付金に課税し、罰金を科し、訴訟を起こすことによって徴収する数十億ドルを、アメリカン・アカデミーと呼ばれる新しい機関の寄付金に充てる。

その使命は、すべてのアメリカ人が真に世界水準の教育を無料で受けられるようにすることであり、連邦政府の負債を一銭も増やすことなくそれを実現することである。この機関は、人間の知識と技術の全領域をカバーする最高品質の教育コンテンツを集め、その教材をすべてのアメリカ国民がオンラインで無料で利用できるようにする。

講義であれ、古代史であれ、財務会計の入門であれ、熟練した職業訓練であれ、学習グループ、指導者、業界との提携、そしてコンピューティングにおける最新のブレイクスルーを駆使して、それを提供し、適切に完了させることが目標となる。これは、国民のための真にトップクラスの教育オプションとなるだろう。

非政治的であり、徒党を組んだり聖戦主義に走ったりすることは一切許されない。

最も重要なことは、アメリカン・アカデミーは、アメリカ政府とすべての連邦政府請負業者が今後認める学位証明書を学生に与えることで、既存の非常に費用のかかる4年制大学と直接競合することである。アメリカン・アカデミーは、学士号と同等の完全な学位を授与する。

さらに、大学教育は受けたが学位は取得していない4000万人のアメリカ人を支援するため、アメリカン・アカデミーはレガシー教育機関での過去の履修単位を認め、現在可能な、あるいは利用可能な教育よりも遥かに短期間で、無料でアメリカン・アカデミーでの教育を修了する機会を提供する。

これは高等教育における革命であり、何千万人もの国民に人生を変える機会を提供する。

楽しみ、学び、そして感謝する。

Agenda47-2023/09/14

ドナルド・トランプのホームスクールファミリーへの公約

President Trump's Pledge to Homeschool Families

https://www.donaldjtrump.com/agenda47/agenda47-president-trumps-pledge-to-homeschool-families

トランスクリプトの和訳

大統領として、アメリカのホームスクールファミリーを支援すること、そして子どもたちの教育の管理者であるすべての親の、神から与えられた権利を守ることは、私の名誉である。

チャイナ・ウイルス（COVID-19のこと）以来、アメリカではホームスクールへの登録が30パーセント増加したと推定されている。

私が再選された暁には、ホームスクールという勇気ある選択をする親を支援するために全力を尽くす。

トランプ減税の下で、私たちは529教育貯蓄口座を利用し、幼稚園から12年生までの学費に年間1万ドルまで非課税で使えるようにしたい。これはスクールチョイス（学校選択）にとって非常に重要な勝利であり、この言葉を覚えておいてほしい。

そこで私は、拡大するホームスクール運動を支援するため、次の任期では、ホームスクールの保護者にも同じような素晴らしい特典を与える。子ども1人につき年間1万ドルのホームスクール教育に関連する費用に充てることができる完全非課税枠を認めるよう、ただちに闘うつもりだ。

また、すべてのホームスクールファミリーが、スポーツプログラム、クラブ活動、放課後のアクティビティ、教育旅行など、ホームスクール以外の生徒が利用できる特典を完全に利用できるようにする。

すべてのホームスクールファミリーの皆さん、私は皆さんの支持者になる。

民主党には投票しないでください。民主党はあなたを破滅させようとしている。ジョー・バイデンは２つの文章をまとめることができないのに、あなたを破滅させようとしている。民主党には投票しないでください。ペテン師ジョーに投票してはいけない。正直なドナルドに投票してください。

Agenda47-2023/09/13

ドナルド・トランプが掲げる「偉大な雇用につながる偉大な学校のための10原則」

President Trump's Ten Principles for Great Schools Leading to Great Jobs
https://www.donaldjtrump.com/agenda47/agenda47-president-trumps-ten-principles-for-great-schools-leading-to-great-jobs

トランスクリプトの和訳

アメリカは世界のどの国よりも教育に多額の資金を費やしている。しかし、その成果は最悪である。アメリカは、どのランキングでも最下位である。アメリカ社会は年間1兆ドル以上を公教育システムに注ぎ込んでいる。しかし、アメリカはそのトップに立つどころか、文字通り最下位なのである。

不適切な人種的、性的、政治的な題材で若者を洗脳するのではなく、子どもたちが幸せで豊かで自立した市民に成長できるよう、仕事の世界、人生、そして国を強く保つ世界で成功するための準備に、学校は完全に焦点を絞らなければならない。

私たちは、子どもたちに素晴らしい学校を提供し、それが素晴らしい仕事につながり、今私たちが住んでいる国よりもさらに素晴らしい国へと導いてくれるだろう。ジョー・バイデンとその陣営が国を動かしているせいで、私たちは今、落ち目の国に住んでいる。彼らはマルクス主義者だ。彼らは共産主義者だ。彼らが私たちの国にしようとしていることは信じられないようなことだが、私たちの子どもたちのために、私たちがそれを何とかしよう。

素晴らしい学校を目指す私たちの運動の原動力となる、10の重要なアイデアを紹介しよう。

第1に、子どもたちの教育を管理する親の権利を尊重する。

第2に、優れた校長や教師を雇い、報い、また質の悪い教師を解雇する権限を、保護者や地域の教育委員会に与える。パフォーマンスに不満のある者は解雇する。「アプレンティス」（トランプが過去に司会をしていたテレビ番組）のように、クビだ。

第3に、政治的な教え込みではなく、成功するために必要な知識や技能（読み書き、数学、科学、算数、その他本当に役に立つ科目）を教えることに教室を集中させる。

第4に、生徒たちに、今教えられているような自国を憎むのではなく、自国を愛するように教える。

第5に、学校に祈りを取り戻すことを支持する。

第6に、教師や他の生徒に危害を加えた生徒は即刻退学処分とし、安全で治安が良く、薬物のない学校を実現する。

第7に、すべての保護者が望むなら、子どもたちのために別の学校を選ぶ権利を与える。これを学校選択制と呼ぶ。

第8に、生徒が教室の外で有意義な仕事をするための訓練として、教室内でプロジェクトベースの学習経験ができるようにする。

第9に、すべての生徒がインターンシップや職業体験に参加できるようにする。彼らは大成功を収めるだろう。私よりも成功してほしい。彼らには外に出てもっと成功してほしい。私は世界一幸せな人間になる。しかし、子どもたちには素晴らしい人生を送り、成功してほしい。

そして第10に、高校生や大学生が、神から授かった才能に最適な仕事やキャリアをスタートできるよう、すべての学校が優れた仕事やキャリア・カウンセリングを提供するようにする。

こうして、すべてのアメリカの子どもたちに素晴らしい教育を保障する。

そしてもう1つ、私が政権発足早々に行うことは、ワシントンD.C.の教育省を閉鎖し、すべての教育の仕事と必要性を州に戻すことだ。子どもたちの教育は彼らに任せたい。彼らのほうがずっといい仕事をするからだ。私たちは、他のどの国よりも、生徒1人当たり3倍もの金を費やしている。それなのに最下位だ。最悪の部類に入る。だから、これ以上悪くすることはできない。ワシントンD.C.から発信される教育を終わらせるつもりだ。あちこちにある建物を閉鎖し、しかも多くの場合、子どもたちを憎む人たちがいる。すべてをアメリカ国民の手に取り戻すのだ。

改革公約声明集 AGENDA 47

Agenda47-2023/01/26

アメリカの教育を救い、保護者に力を取り戻すドナルド・トランプのプラン

President Trump's Plan to Save American Education and Give Power Back to Parents

https://www.donaldjtrump.com/agenda47/president-trumps-plan-to-save-american-education-and-give-power-back-to-parents

トランスクリプトの和訳

私たちの公立学校は、急進左翼に乗っ取られている。アメリカの教育を救い、アメリカの親に力を取り戻すための私の計画はこうだ。

まず、批判的人種理論、ジェンダー・イデオロギー、その他不適切な人種的、性的、政治的内容を子どもたちに押し付ける学校やプログラムへの連邦政府からの資金援助を削減する。このようなことは許さない。

次に、私は司法省と教育省に対し、人種に基づく差別を行った学区に対して公民権調査を開始するよう指示する。これにはアジア系アメリカ人に対する差別も含まれる。

私たちの学校で説かれているマルクス主義は、ユダヤ・キリスト教の教えとも完全に敵対しており、多くの点で既成の新興宗教に似ている。それを許してはならない。このような理由から、私の政権は、憲法制定条項と自由行使条項に違反する可能性があることを積極的に追及していく。とてもシンプルなことだ。

さらに就任初日から、連邦教育省に入り込んでいる急進主義者、狂信者、マルクス主義者を見つけ出し、排除する。私たちは、子どもたちを傷つける者を許さないのだから。ジョー・バイデンは、この狂人たちに無制限の権力を与えた。そして、私が署名する予算案には、反抗的な職員を職から排除する大統領の権限を再確認するよう、議会に伝えるつもりだ。すべては子どもたちのためだ。

私は、公民教育を武器化しようとする不吉な取り組みに拒否権を発動する。女性スポーツから男性を締め出す。そして、愛国的価値観を受け入れ、私たちの生活様式を支持し、子どもたちを洗脳することが仕事ではなく、ごく単純に教育することが仕事であることを理解している教師を認定する、世界のどこにおいてもゴールド・スタンダードとなる新しい資格認定機関を創設する。

最後に、私は、教育において以下のような歴史的改革を行うすべての州と学区に対し、大規模な資金優遇と好待遇を実施する。

1つ目は、幼稚園から高校までの教師の終身在職権を廃止し、悪い教師を排除できるようにすることである。私たちは優秀な教師を学校に望んでいる。

2つ目は、コストがかかり、分裂を招き、不必要な官僚機構を含め、肥大化した学校管理職の数を大幅に削減すること。

3つ目は、カリキュラムの完全な透明性と普遍的な学校選択の形を含む保護者の権利章典を採用すること。

そして4つ目は、保護者による校長の直接選挙を実施することである。すべては子どもたちのための保護者の問題である。子どもたちに何が必要かは、誰よりも親が知っている。仕事ができない校長がいたら、保護者は投票でその校長をクビにし、仕事ができる人を選ぶことができるはずだ。これは究極のローカル・コントロールである。我が国には、率直に言って、このようなものはなかった。少なくとも過去50年間はなかったと言っていいだろう。

諺《ことわざ》にもあるように、人事は政策であり、結局のところ、真っ赤な共産主義者が子どもたちを教えているのであれば、大きな問題がある。

私が大統領になった暁には、父兄を責任者に戻し、彼らに最終決定権を与える。読み、書き、算数（数学）と呼ばれるものを教えることに戻し、子どもたちにふさわしい、質の高い、親アメリカ的な教育を施すのだ。

私たちは、世界のどの国よりも生徒1人当たりの教育費を倍増している。私たちはこれからも金を使い続けるが、これからはそれに見合うだけの金を手にすることになる。私たちは教育に関してあらゆるリストの最後尾にいる。私たちはそれを変えるつもりである。最も金をかけているかもしれないが、世界のどこへ行っても教育でトップになるつもりだ。

このパートで取り上げる「プロジェクト2025」のポイント

◆教育に関する連邦政府の関与を減らし、州、地方、個人の選択を強化することに重点を置く。

◆連邦政府の教育省を廃止し、教育の権利を地方自治体に委譲し、独自の教育を追求する権利を行使できるような改革と具体的な手続きについて明記。

ナトコンにとって連邦政府は必要悪であると認識されている。連邦政府は、外交と軍事という対外的な機能に限定されるべきで、現在の連邦政府の規模は遥かにこの水準を超えていると考える。逆に肥大化した連邦政府は、様々な規制を導入することで、本来はアメリカの政治と経済の中心であるべき地域共同体の活動を窒息させていると見る。

ただ「プロジェクト2025」では「アジェンダ47」ほど福音派のキリスト教の価値観は前面には出ていない。焦点は連邦政府の教育省（日本の文部科学省に匹敵する省）の廃止となっており、規制緩和、地方分権化、教育における市場原理の役割拡大に重点を置いている。その意図するところは、より多様で、柔軟性があり、生徒の個々のニーズをよりよく満たし、連邦政府の支出や監視を削減できるような教育システムを作ることである。

Project2025_SECTION3-11_p319

一般の福祉：教育省

THE GENERAL WELFARE: DEPARTMENT OF EDUCATION

——Lindsey M. Burke

「Mandate For Leadership」から関連部分を要約・和訳

① 教育省の廃止と権限の地方分散化

アメリカ教育省の最終的な廃止を提唱し、教育政策や資金調達は州や地方レベルで管理され、地域社会の具体的なニーズによりよく対応すべきであると強調する。

② 学校選択の強化

教育貯蓄口座（ＥＳＡ）やバウチャーを含む学校選択の選択肢の拡大を提案し、保護者が自分の子どものニーズに最も適した学校やサービスに教育資金を振り向けることを可能にする。このアプローチは、競争を促進し、学校の成績が向上することを意図している。

③ 連邦政府の規制と義務の削減

地域の教育制度の運営を左右する、負担の大きい連邦規制の撤廃を求める。これらの義務付けを削減することで、管理コストを削減し、効率性を高めることを提案している。

④ 連邦資金の改革

連邦教育資金の分配方法を変革することを提案し、連邦の厳格な規定がない教育予算を提唱する。これにより、州や地方は、教育成果を向上させるためにより柔軟に資金を活用できるようになる。

⑤ 専門教育および技術教育に焦点を当てる

職業訓練、実習、技術教育など、伝統的な4年制大学の枠を超えた多様な教育課程を支援し、学生が多様な職業に就けるよう、中等教育政策の転換を促す。

⑥ ローカル・コントロールの回復

連邦政府の介入なしに教育資金やカリキュラムの決定を管理することを含め、決定権を州や地方に戻すことを支持する。

⑦ 保護者と地域の選択の促進

公立、私立、チャーター、ホームスクーリングなど、子どもの進路や通う学校の種類を選ぶ自由を親に与えることの重要性を強調する。

⑧ ローンおよび助成金制度の見直し

学生ローンや助成金の大幅な変更を提案し、納税者の財政負担を軽減し、受給者の説明責任を高めるために、民間部門による管理強化や再編成を提案する。

このパートに登場する「Mandate For Leadership」の執筆者・編者について

⍟リンゼイ・M・バーク／*Lindsey M. Burke*

ヘリテージ財団の教育政策センターのディレクターとして、同財団の就学前教育、幼稚園から12年生までの義務教育、高等教育改革に関する研究および政策を統括している。彼女の論評や社説は多数の雑誌や新聞に掲載されている。ラジオやテレビ番組にも頻繁にゲスト出演しており、教育改革に関する問題について、全アメリカおよび国際的に講演を行っている。

PART 9

不法入国と国境に関わる改革

改革公約声明集「アジェンダ47」と改革実行案「プロジェクト2025」の要旨を読み解く

前・共和党トランプ政権同様、不法入国者の徹底的な排除が基本政策として強調されている。アメリカにおける不法移民の問題は悪化している。統計サイトの「スタティスタ」によると、アメリカ国境警備隊による外国人の検挙件数はここ数年で大幅に増加しており、2023年には約200万人の外国人の検挙・国外退去が、さらにアメリカ南西部の国境付近では895人の移民の死亡者数が記録されている。これは1998年以来、アメリカ国境警備隊が報告した中で最多の数であり、不法移民が再び増加している可能性を示唆している。

このような状況で民主党バイデン政権は、前・共和党トランプ政権が打ち出した厳格な移民政策の一部を覆すべく取り組んできた。これらの政策には、メキシコとの国境の壁建設の中止、イスラム教徒が多数派を占める数カ国への渡航禁止令の廃止などが含まれている。

これには、農業労働者、一時保護ステータスの受益者、および2021年1月1日以前にアメリカに物理的に滞在していた非正規滞在者であれば、納税を行い、犯罪歴および国家安全保障に関する経歴調査に合格できる限り、市民権の取得への道が開かれている。

民主党のバイデン政権は不法移民に対してあまりに寛容で、不法移民の流入問題を悪化させていると強く批判し、前・共和党トランプ政権当時の厳しい政策に戻すとしている。

このパートで取り上げる「アジェンダ47」のポイント

不法移民を徹底して排除する複数の政策が提起されている。

◆不法入国者の子どもが自動的にアメリカで市民権を得る制度を廃止する。

◆市民権取得を目的にアメリカで出産するバース・ツーリズムを阻止する。

◆不法移民釈放のために税金を使用することを禁止する。不法移民を捕まえても民主党バイデン政権下では簡単に釈放されてしまうことに加えて、様々な福祉給付が付与される。共和党のトランプ政権ではこうしたことに税金が使われないようにする。

◆国境管理を厳格化する。

◆不法移民への生活保護を廃止し、ジョー・バイデンによる仮釈放権限の乱用を封じる。

◆不法滞在者に就労許可と公共住宅の利用資格を与え、アメリカ市民から仕事を奪う政策を破棄する。

◆不法入国者が、何十億ドル、何百億ドルもの福祉給付金を受け取る資格を得ることを阻止する。

Agenda47-2023/05/30

就任初日の大統領令〜不法入国者の子どもの市民権を抹消し、出生観光を違法化する

Day One Executive Order Ending Citizenship for Children of Illegals and Outlawing Birth Tourism

https://www.donaldjtrump.com/agenda47/agenda47-day-one-executive-order-ending-citizenship-for-children-of-illegals-and-outlawing-birth-tourism

トランスクリプトの和訳

ジョー・バイデンは、記録的な数の不法滞在者が国境を越えて押し寄せることを許し、我が国への不法な外国人侵略を容認した。彼らは世界中からやって来た。バイデンの現在の政策では、何百万人もの不法入国者が不法に国境を越えて入国したとしても、彼らの将来の子どもたちはすべて自動的にアメリカ市民となる。想像できるだろうか？

彼らは生活保護、税金で賄われる医療、選挙権、家族の連鎖移住、その他数え切れないほどの政府給付を受ける資格があり、その多くは不法入国者の親も利益を得ることになる。この政策は、アメリカの法律を破ることへの報酬であり、不法入国者の殺到を引き寄せる磁石であることは明らかだ。

彼らは何百万人、何千万人とやってくる。彼らは精神病院からやってくる。刑務所からやってくる。囚人たちは、見たこともないようなタフで意地悪な人たちだ。アメリカは、両親のどちらかが市民でなくても、また合法的に入国していなくても、アメリカ本土に不法侵入した瞬間に、彼らの将来の子どもたちは自動的に市民となる、と定めている世界で唯一の国である。多くの学者が指摘しているように、この現行政策は歴史的神話に基づくものであり、国境開放論者による意図的な法の誤訳である。このような人たちはそれほど多くない。

驚くべきことだ。誰がこんなことを望んでいるのか？　囚人を入国させたいのは誰だ？　重病人が入国することを誰が望んでいるのか？　精神病棟の人たちが入国してくることを誰が望んでいるのか？　そして、彼らは何千、何万とやってくる。

新任務の初日に国境を確保する私の計画の一環として、私は大統領令に署名し、連邦政府機関に対し、今後、法の正しい解釈のもとで、不法滞在者の将来の子どもたちが自動的にアメリカ市民権を取得することはないことを明確にする。このようなことが、何百万人もの人々を私たちの国に呼び寄せ、不法入国させている。私の政策は、不法移民を継続させる大きな誘因を断ち、さらなる移民の流入を抑止し、ジョー・バイデンが不法に入国させた外国人の多くに母国への帰国を促すものだ。

彼らは帰らなければならない。誰もそんな余裕はない。誰もこんなことはできない。道義的にも間違っている。私の命令は、バース・ツーリズムとして知られる不公正な慣行も終わらせるだろう。この慣行では、地球上の何十万人もの人々が、妊娠の最後の数週間、ホテルを不法占拠し、子どものためにアメリカ市民権を取得する。

これは非常に恐ろしい行為であり、非常に悪質であるにもかかわらず、私たちはこれを放置している。資格を得るためには、少なくとも両親のどちらかが市民権を持っているか、合法的な居住者でなければならない。我々は国境を守り、主権を回復する。私の就任初日から、我が国は再び偉大になる。我が国は再び偉大な国となる。国境を守り、適切な教育を施し、アメリカ第一主義を貫く。

改革公約声明集
AGENDA 47

Agenda47-2022/12/21

不法滞在外国人の釈放に使われる税金の全面禁止と行政不履行に対する刑事罰

Total Ban on Taxpayer Dollars Used to Free Illegal Aliens and Criminal Penalties for Administrative Noncompliance

https://www.donaldjtrump.com/agenda47/president-donald-j-trump-bidens-border-crisis

トランスクリプトの和訳

過去2年間で、アメリカ史上最も多くの不法移民がアメリカに入国した。このような事態はかつて経験したことがない。我が国は侵略されているのだ。数日前、48時間の間に1万６０００人の不法入国者が国境を越えた。最近、巨大な移民キャラバンがリオ・グランデ川を渡り、テキサス州エルパソの通りに押し寄せた。そして人々は、そして警察も、それに対してどうしていいか分からなかった。まさに大規模な侵略である。

今、いかなる形の恩赦も大惨事となるだろう。ジョー・バイデンの無法に報いることになり、犯罪カルテルに報いることになり、我が国の法律を破った者のすべてに報いることになる。我が国は毒されているのだ。

国境が開かれているのは、資源や法的権限が不十分だからではない。国境が開かれているのは、ジョー・バイデンが国境開放を命じたからであり、バイデンが法を破り、国境をズタズタに引き裂いたからなのだ。彼は私たちのシステムをズタズタにし、私たちの国を破壊しているのだ。バイデンは、かつてないほど機能していた完璧な強制送還システムを受け継いだ。

我々の歴史上、私の政権下でほんの少し前まで行っていたように、国境でこれほどうまくいったことはなかった。バイデンに多くのリソースを与えることは、単にさらなる釈放につながるだけだ。これは亡命とは何の関係もない。これが口実であり、詐欺であることは誰もが知っている。そうでないふりをする者は、バイデンと犯罪カルテルの手の内にはまる。これはバイデンの無法で犯罪的な不正行為に関するものだ。

今必要な最も重要な改革は、バイデンが不法滞在者を解放するために税金を使うのを全面的に禁止することである。

改革公約声明集
AGENDA
47

Agenda47-2023/11/01

不法滞在外国人に生活保護を支給しない

No Welfare for Illegal Aliens

https://www.donaldjtrump.com/agenda47/agenda47-no-welfare-for-illegal-aliens

トランスクリプトの和訳

ペテン師ジョー・バイデンは、世界中から不法移民を我が国に送り込むベルトコンベアーをノンストップで回し、バイデン国土安全保障省は、いわゆる仮釈放の権限を乱用し、私たちの帰還兵を含む多くの合法的な市民よりも多くの政府給付金を与えている。退役軍人は利用されている。市民が利用されている。非常に不公平だ。そしてそれは許されない。

この恐ろしい権力の乱用のもとで、何百万人もの不法入国者が、アメリカの納税者である皆さんの好意により、何十億ドル、何百億ドルもの福祉給付金を受け取る資格を得ることになる。つまりペテン師ジョーは国境と主権を放棄するだけでなく、あなたの稼いだ金銭を盗んで、私たちの国に用もない人々に再分配しようとしているのだ。彼らは自国にいるべきだ。これは誰にとっても持続可能なことではない。

アメリカは何兆ドルもの借金を抱えているにもかかわらず、急進左派の民主党は不法入国者に公的給付金を違法にばらまき、その一方であなた方の税金を大幅に引き上げようとしている。急進左派の共産主義者たちは、あなた方を憎み、中産階級を憎んでいる。バイデンの計画では、不法入国者に給付されるのは、フードスタンプ、医療費無料、生活保護、その他信じられないようなプログラムの数々だ。

さらにバイデンは、不法滞在者に就労許可を与え、アメリカ市民から仕事を奪おうとしている。

そして、もし彼らに子どもがいれば、子どもは自動的に市民権を得られるだけでなく、不法移民世帯に流れる政府の追加給付の宝庫を解き放つのだ。その間、退役軍人は苦しみ、市民は苦しむ。私の新政権の初日には、この茶番をやめ、勤勉な中流家庭の富を守る。

私は、仮釈放権の法外な乱用をやめる。不法入国者を公営住宅に入居できなくする私の措置を復活させる。不法滞在者の就労許可をすべて停止する。そして、今後大統領が福祉給付金をこのように濫用することを阻止する法案を議会に要求する。その費用はすべてアメリカの納税者が負担する。

不法滞在者の子どもに対する自動市民権同様、生活保護は世界中から人々を引き寄せる巨大な磁石だ。彼らはアメリカに来たがっている。彼らはアメリカの納税者の汗と貯蓄からご馳走を食べたいのだ。公平ではない。公正ではない。そんなことはさせない。直ちにすべてを終わらせる。

このパートで取り上げる「プロジェクト2025」のポイント

◆国土安全保障省の改革

国土安全保障省が発表した最近のレポート「国土脅威評価」では「今後1年間にわたり、テロとのつながりを持つ一部の個人や犯罪者が、移民の流れや複雑な国境警備環境を悪用してアメリカへの入国を試みるだろう」と述べている。さらに、「テロとのつながりを持つ可能性のある個人は、アメリカとメキシコ、アメリカとカナダの国境の両方、そして移民制度を通じて、引き続きアメリカへの入国を試みるだろう」ともある。また、2023年度には、出入国地点間の国境でテロ監視リストに載っている人物と172件の遭遇があり、出入国地点では560件以上の遭遇があったともしている。

このようなアメリカの危機的状況に対処するために国土安全保障省を改革して、不法移民を排除できる強力な権限を付与するとして、「アジェンダ47」以上に厳しい対策を打ち出している。国境警備を強化し、拘留と強制送還のプロセスを迅速化すべきだとしている。

Project 2025

Project2025_SECTION2-05_p133

共通の防衛：国土安全保障省

THE COMMON DEFENSE: DEPARTMENT OF HOMELAND SECURITY

―― *Ken Cuccinelli*

「Mandate For Leadership」から関連部分を要約・和訳

★ 国土安全保障省の改革

不法移民に関しては、厳格な執行アプローチを強調し、特にアメリカへの不法入国を助長するような甘すぎる政策を非難している。国土安全保障省は、移民法を厳格に執行し、国境警備を強化し、拘留と強制送還のプロセスを迅速化することを優先する。

また、不法移民に対処するため、以下のような大幅な政策変更と新戦略を提案する。

① 不法移民を効率的に拘留し、強制送還する能力を強化する。

② 移民が法的手続きを進める間、国内にとどまることを認める慣行を廃止する。

③ 不法入国を防止するためのより厳格な措置を実施し、不法入国を摘発された者に対する迅速な措置を確保する。

さらに、官僚的な諸経費を削減し、国境警備や移民取り締まりのような中核的任務により直接的に集中できるよう、業務を合理化する。これを実現するためには、国土安全保障省の規模を縮小し、直接的な国境取り締まり活動など、より重要な分野に資源を再配分する必要がある。

全体として、厳格な政策と一元的な統治を通じて、法の執行と不法移民を減少させ、アメリカの国境と移民管理に対する強固で統合されたアプローチを実施する。

このパートに登場する「Mandate For Leadership」の執筆者・編者について

⍟ケン・クッチネッリ（ケネス・トーマス・クッチネッリ２世）

／ *Ken Cuccinelli (Kenneth Thomas Cuccinelli II)*

アメリカの弁護士であり政治家。共和党員であり、米国移民局（USCIS）の首席副局長および長官代行、またバージニア州の司法長官（2010～2014年）といった役割を果たす。2019～2021年まで、前・共和党トランプ政権の国土安全保障省副長官の職務を代行する上級公務員を務めた。

PART 10

その他の深刻なアメリカの国内問題についての改革

改革公約声明集「アジェンダ47」と改革実行案「プロジェクト2025」の要旨を読み解く

カテゴライズするのが難しい多様な改革案をここではまとめていく。深刻な問題が多いが、これらは治安の悪化が大きな理由の1つになっていると言えるだろう。

2020年5月にミネソタ州のミネアポリスでジョージ・フロイド氏が警察官によって殺害されてから、アメリカの5000カ所で人種差別の撤廃を要求する「BLM」運動が、燎原の火のごとく盛り上がった。過激な極左の「アンティファ」などの扇動によって各地で行われた暴力的な抗議は、ナトコンらとの激しい衝突をも頻繁に引き起こし、ポートランド、シアトル、サンフランシスコ、シカゴ、NY、ミネアポリスなどの中心部は騒然とした。

警察官は憎しみの対象となり、多くの都市で警察予算が削減された。その結果、警察官の退職や警察署の規模が縮小され、都市の治安が悪化、どの主要都市でも殺人や強盗などの犯罪件数は極端に増加し、非常に危険な状態になった。これに対処するため、多くの市民は一斉に銃を購入することになる。

そこに、あまりいい意味ではない追い風となったのが、コロナ禍で拡大したリモートワークという働き方である。都市中心部の高価なアパートや住宅から、治安のよい周辺の州の郊外に戸建てを購入し、人々が移動したのである。この結果、大都市中心部の地価は下落、郊外の地価が急上昇するといった逆転現象が見られるようになった。一方、人口が減少した都市の税収は大幅に減ることになり、警察予算はさらに削減、治安が一層悪化するという悪循環が生まれることになる。

こうした状況を背景に様々な社会問題が噴出しており、それらへの対処が改革プランの中では誓われている。

このパートで取り上げる「アジェンダ47」のポイント

◆安価な一戸建てを供給する。

◆犯罪の撲滅と法の秩序を回復する。

◆小児慢性疾患の増大原因を調査し、子どもの健康を維持する。

◆薬物依存の惨劇に対応する。麻薬カルテル撲滅のために軍事力を使い、麻薬の売人や人身売買業者には死刑を適用。主要麻薬カルテルを外国テロ組織として指定。依存症ケアを強化する。

◆退役軍人のホームレス問題を根絶する。

◆安価な医薬品を提供する。重要な医薬品のアメリカでの製造の保障と安定供給を確保する。

◆高齢者が必要としているメディケアや社会保障費の削減はしない。

◆人身売買への対応は特に厳しいものとなっており、犯人には死刑を適用するとしている。

◆司法省にオンラインの検閲体制を徹底調査させ、国民の言論の自由を守る。

◆２５０年独立記念祝典を実施する。

改革公約声明集

AGENDA 47

Agenda47-2023/03/02

連邦政府へのマルクス主義の影響を強めるバイデンの大統領令を撤回せよ

Reversing Biden's EO Embedding Marxism in the Federal Government

https://www.donaldjtrump.com/agenda47/agenda47-reversing-bidens-eo-embedding-marxism-in-the-federal-government

トランスクリプトの和訳

ジョー・バイデンは最近、連邦政府全体の謀略的乗っ取りを実行するために、ほとんどすべての連邦省庁にマルクス主義的な「公平性」を執行する部隊を設置することを義務付ける、非常に不吉な大統領令に署名した。

アメリカのあらゆる機関が、このマルクス主義の〝平等〟という概念から攻撃を受けている。

誰もが平等に扱われ、能力や資格に基づいて決定されるのではなく、〝平等〟とは、肌の色や性的アイデンティティに基づいて手当てが与えられ、政策が施行されることを意味する。私たちはそれが良い考えだとは思わない。これは、急進左派がその狂ったプログラムの一つひとつを正当化するために使う常套句《じょうとうく》だ。気候変動は今や「環境人種差別」と戦うためのものだ。彼らは法執行機関を人種差別主義だと偽り、街中で人を殺す血に飢えたギャングを摘発する代わりに現金保釈を廃止しなければならない理由を説明する。

バイデンはこの行動で、人種差別や共産主義、マルクス主義を推し進めるために、政府権力のあらゆる手段を武器化しようとしている。FEMA（連邦緊急事態管理庁）、EPA（環境保護局）、FAA（連邦航空局）、IRS（国税庁）が堕落し、「公平性」を強制する任務に就いたとき、法の下の自由と平等は絶対に死滅する。

私は大統領に復帰した初日に、この大統領令を撤回する。それを楽しみにしている。

大統領執務室は素晴らしい場所だが、同時に、我が国にとって非常に都合の悪いことが起こるのを阻止するための素晴らしい場所でもある。

私は司法省に対し、このような差別は完全に違法であることを明確にし、バイデン政権が行った不法な支配と差別、市民権の乱用を調査するよう指示する。

私は、この政策を実行するために雇われたスタッフ全員を直ちに解雇し、この政策に関連するすべての事務所とイニシアティブを廃止する。絶対に許さない。

私は、バイデンの「公平性」アジェンダの下で連邦政府機関がとった行動のうち、取り消す必要のあるものをすべて迅速に検討する特別チームを創設する。そのほとんどを取り消す。もしかしたら、実際にはすべてかもしれない。

私はまた、こうした「平等」政策によって不当に差別されたアメリカ人のために返還基金を創設するよう議会に働きかけ、実力主義の連邦公務員を復活させる。

私は、この過激主義をホワイトハウスから、軍から、司法省から、そして政府から排除する。この国に過激主義はいらない。

アメリカは再び強くなる。

Agenda47-2023/04/13

アメリカを破壊する過激派マルクス主義の検察官を解雇せよ

Firing the Radical Marxist Prosecutors Destroying America

https://www.donaldjtrump.com/agenda47/agenda47-firing-the-radical-marxist-prosecutors-destroying-america

トランスクリプトの和訳

司法制度の腐敗と兵器化ほど、アメリカ人の生き方にとって悲惨な脅威はない。公正で公平な法の支配を取り戻すことができなければ、自由な国とは言えない。

大統領として、アメリカに正義の天秤《てんびん》を取り戻すことが私の個人的な使命である。法の下での公正と平等を実現する。

そのために、私は、ソロスの地方検事やアメリカで任命されている他の検事とは正反対の連邦検事を任命する。私たちの国民にとって非常に不公平だ。我が国にとって非常に不公平だ。

彼らは、犯罪や共産主義者の腐敗に対抗する、この国がこれまでに見たことのない100人の最も獰猛《どうもう》な法廷闘士となるだろう。

連邦司法省とFBIを全面的に見直すと同時に、マルクス主義者の地方検事に対する徹底的な公民権調査を開始する。彼らは多くの場合マルクス主義者なのだ。

数え切れないほどの犯罪の告発を拒否することで、これらのソロスの検察は違法な人種差別に基づく選択的執行を行っているように見える。

シカゴ、サンフランシスコ、LA、そしてこれらの狂人が占拠している他のすべての都市で、検事局は連邦召喚令状を発行し、職員、電子メール、そして連邦公民権法にあからさまに違反していないかどうかを調べるべきだ。

この努力の一環として、テキサス州オースティンのソロス検事が、過激派左翼マフィアの重武装したメンバーによる脅迫から身を守った退役軍人を殺人罪で起訴したことの連邦捜査が行われるべきである。私はまた司法省に対し、全国的に四面楚歌となっている自衛権の保護に関するタスクフォースの設置を命じる。

さらに、連邦当局が保守派やキリスト教徒を逮捕するために警察国家の戦術を用いたことについても、完全に調査する。誰がそれを命じたのかを突き止め、彼らに全責任を負わせる。

私たちがしなければならないことは、まだたくさんある。学校で、この過激化した法律に立ち向かわなければならない。彼らが私たちの学校、私たちの美しい学校に何をしたかを見てほしい。

極左弁護士会を改革し、大手法律事務所からの保守派弁護士の粛清をやめなければならない。私は、西欧文明の最も偉大な成果の1つである法制度を、破壊しようとするマルクス主義の蛮族から守るためなら、どんなことでもするつもりだ。そして、私たちはそれを成し遂げ、それを救う。

Agenda47-2023/03/20

アメリカンドリームをさらに遠ざける バイデンの地域コミュニティーを破壊する政策に終止符を打つ

Ending Biden's War on the Suburbs that Pushes the American Dream Further from Reach

https://www.donaldjtrump.com/agenda47/agenda47-ending-bidens-war-on-the-suburbs-that-pushes-the-american-dream-further-from-reach

トランスクリプトの和訳

ジョー・バイデンは最近、左翼のマルクス主義的な住宅政策を地域社会に押し付けるために、すべての州、郡、市、町に、いわゆる平等計画の提出を求めると発表した。これは私たちが必要としているものではない。

バイデンの権力掌握は、急進的で人種差別的な左翼官僚に、あなた方が住む住宅を細かく管理する権限を与えることになる。そして、誰もそれを喜ぶことはできない。私は前回の選挙戦でこのことを話し、人々はそれをよく理解していた。彼らは連邦政府の権力を使って一戸建て住宅のゾーニングを廃止し、郊外に、さらにはあなたの家の隣に巨大な集合住宅を建設してあなたの家の資産価値を破壊し、すぐ隣の低所得者向け住宅開発のための費用を、あなたのコミュニティに強制する。

過激な左翼は郊外に本格的な戦争を仕掛けており、彼らのマルクス主義的な信念に基づく活動は、あなたの近所、税金、治安、そして家を狙っている。私が大統領執務室に戻ったら、最初の行動の1つは、ジョー・

バイデンによる郊外のライフスタイルに対する急進左派の攻撃を廃止することだ。ほんの数年前、私がバラク・オバマの左翼的な住宅建設を吹き飛ばしたように、郊外に対するバイデンの戦争は終わり、二度と起こらないだろう。あの混乱は二度と起こらないだろう。私たちの国のために祈る。

Agenda47-2023/02/20

ドナルド・トランプ、犯罪撲滅と法秩序の回復に向けた計画を発表

President Trump Announces Plan to End Crime and Restore Law and Order

https://www.donaldjtrump.com/agenda47/agenda47-president-trump-announces-plan-to-end-crime-and-restore-law-and-order

トランスクリプトの和訳

ジョー・バイデンと「警察への資金拠出」を縮小させた民主党は、かつての大都市を流血と犯罪の巣窟に変えた。こんなことはかつてなかった。率直に言って、私たちの都市と国全体に法と秩序を取り戻すための私の計画はこうだ。

まず、民主党の警察戦争によって警察力が削減されたため、私は全国の警察官の雇用、維持、訓練への記録的な投資に署名する。とても重要なことだ。

なぜなら、民主党は警察から、そのような保護を取り上げようとしているからである。なぜなら、私たちは警察官には職務を全うしてもらいたいからだ。警察官に職務を全うしてもらうのであれば、警察官の保護を取り上げることはできない。

第2に、この新たな資金と司法省からの助成金の受給資格を得るために、私は、地方の管轄区域が、ストップ・アンド・フリスク（非常に簡単なことだが、相手を呼び止めてから身体検査をすること）、有罪判決を受けた重罪犯に対する現行銃刀法の厳格な執行、違法

薬物の公然使用の取り締まり、犯罪を犯した外国人を路上から排除し、国外退去させるためのＩＣＥ（合衆国移民・関税執行局）との協力など、実績のある常識的な取り締まり手段に戻るよう主張する。

第３に、現金保釈を廃止し、犯罪の起訴を拒否し、凶悪犯罪者に街を明け渡そうとしている急進的なマルクス主義者の検察官を追及する。彼らはかつてないほど降伏している。私は司法省に対し、シカゴやＬＡ、サンフランシスコのような急進左派の検察庁が違法に人種差別的な法の執行を行っていないかどうか、公民権調査を開始するよう指示する。

私はまた、彼らのマルクス主義的な政策の犠牲者に、被害と苦痛に対して地方公務員を訴える権利を与えるために議会と協力するつもりである。万引きが罰せられないために、中小の店舗が略奪された場合、保釈金も保証金もなしで釈放された凶悪犯に残忍に襲われた場合、巨額の損害賠償を請求する権利が与えられるだろう。

第４に、私は司法省、あるいは一部の人々が「不正の省」と呼ぶ今の司法省と国土安全保障省に、アメリカのあらゆるギャング、ストリート・クルー、麻薬ネットワークを解体するよう命じる。１つ残らず解体する。

こうした縄張り争いや麻薬の巣窟がどこにあるかも、連中が誰かも分かっている。彼らを告発し、見つけ得る限りのあらゆる犯罪で犯人を告発するつもりだ。公平に、しかし厳しく行うつもりだ。麻薬の売人に対する死刑制度も必要だ。そして、人身売買の犯人も加えたい。麻薬の売人も人身売買をする者も死刑だ。

第５に、法と秩序が完全に崩壊し、市民の基本的権利が耐え難いほど侵害されている都市では、安全が回復するまで、私は躊躇《ちゅうちょ》なく州兵を含む連邦政府の資産を投入する。

もしナンシー・ペロシが州兵や兵士を受け入れていれば、1月6日を迎えることはなかっただろうが、彼女とワシントンD.C.の市長はそれをしなかった。

第6に、左翼による学校規律と少年司法の乗っ取りに終止符を打つ。車上荒らしや犯罪者の多くは13歳、14歳、15歳だ。私は教育省と司法省に、未成年者のしつけに関する連邦基準を見直すよう命じる。問題を抱えた青少年が手に負えなくなり、路上に出て暴れ出したら、それを阻止する。その結果は迅速かつ確実で強力なものであり、彼らはそれを知ることになる。

第7に、自衛権が四面楚歌の状況に置かれているあらゆる場所で、自衛権を守る。そして、私は銃の携帯を許可する法案に署名する。憲法修正第2条は州境で終わるものではない。加えて、私はもちろん国境を完全に確保し、国内の取り締まりを劇的に強化し、カルテルに戦いを挑む。わずか2年前ほど国境が安全だったことはない。そして今、私たちの国境は世界のどこよりも、そしておそらく史上最悪だ。何百万人もの人々が国境を越えて押し寄せているのだ。彼らは精神病院からやってくる。刑務所からもやってくる。彼らは皆、アメリカに入国するように誘導されている。彼らは私たちの国を汚染している。

我々はまた、ホームレス、麻薬中毒者、精神病患者から我々の街を取り戻す。これらの計画については、近いうちにもっと詳しくお話しする。それが、私がアメリカに治安を取り戻す方法だ。私はあなたに感謝したい。私たちはアメリカを再び偉大な国にし、アメリカを再び安全な国にするつもりである。

小児慢性疾患の増加への対応

Agenda47-2023/06/06

Addressing Rise of Chronic Childhood Illnesses

https://www.donaldjtrump.com/agenda47/agenda47-addressing-rise-of-chronic-childhood-illnesses

トランスクリプトの和訳

ここ数十年、特に子どもたちの慢性的な病気や健康問題の蔓延は、説明のつかない驚くべき増加を見せている。自閉症、自己免疫疾患、肥満、不妊症、重篤なアレルギー、呼吸器疾患など、その数は驚くほど増加している。

何が起きているのか？

食べ物のせいなのか？　私たちが暮らす環境なのか？　特定の薬の過剰処方なのか？　家庭内に存在する毒素や化学物質のせいなのか？

毎年、私たちはこうした慢性的な問題の治療に何千億ドルものマネーを費やしている。あまりにも多くの場合、私たちの公衆衛生の確立は、ビッグファーマ（大儲《もう》けしている製薬会社、大企業、その他の特別利益団体）に近付きすぎており、私たちの子どもたちの健康に何が起こっているのかについて、厳しい問いを投げかけようとはしない。もし大手製薬会社がアメリカの患者や納税者を欺いたり、人よりも利益を優先したりするのであれば、調査され、責任を負わなければならない。

私がホワイトハウスに戻ったら、ビッグファーマに買収されることなく、独立した立場の人々で構成される大統領特別委員会を設置し、何十年にもわたって慢性疾患が増加している原因を調査することを課す。私はビッグファーマのことを誰よりも理解している。そして、アメリカの子どもたち一人ひとりが安全で健康的な子ども時代を過ごすための提言を発表するよう求める。

これは、長い間待ち望まれていた話であり、アメリカの家族にふさわしい話である。アメリカの家族はこの会話をしなければならないし、この問題に対して何かできるリーダー、つまり大統領を持たなければならない。そして私はそうするつもりだ。

改革公約声明集

Agenda47-2023/06/06

Ending the Scourge of Drug Addiction in America

https://www.donaldjtrump.com/agenda47/agenda47-ending-the-scourge-of-drug-addiction-in-america

アメリカにおける薬物中毒の惨劇を終わらせる

トランスクリプトの和訳

私たちは、薬物中毒の危機を終わらせるまで休むことはない。私が当選するまでの30年間、薬物過剰摂取による死亡者は毎年増加していた。私のリーダーシップの下、私たちは麻薬とフェンタニル（医療用麻薬）の危機に真っ向から取り組み、30年以上ぶりに過剰摂取による死亡者数の減少を達成した。

私は、オピオイド（麻薬性鎮痛薬）蔓延と闘うための史上最大の投資である支援法に誇りを持って署名した。

私がホワイトハウスに戻れば、元中毒者に就業機会や技能訓練を提供する意欲のある企業に対して新たな官民パートナーシップを構築し、信仰に基づくカウンセリング、治療、回復プログラムに対する連邦政府の支援を拡大する予定である。私は、この危機に終止符を打つまで休まない。

ホームレス、薬物中毒者、危険な精神異常者の悪夢を終わらせよう

Agenda47-2023/04/18

Ending the Nightmare of the Homeless, Drug Addicts, and Dangerously Deranged

https://www.donaldjtrump.com/agenda47/agenda47-ending-the-nightmare-of-the-homeless-drug-addicts-and-dangerously-deranged

トランスクリプトの和訳

かつて偉大だった私たちの都市は、住みにくく不衛生な悪夢と化し、ホームレスや薬物中毒者、暴力的で危険な精神異常者に明け渡されている。深く病んだ少数の人々の気紛れのために、多くの人々が苦しめられている。そして、彼らは実に具合が悪い。

ホームレスには、すべての公園や歩道を不法占拠してドラッグを行うための場所にする権利はない。アメリカ人は、美しい街の通りを歩くときに、針や廃棄物の山を踏み越える必要はない。少なくともかつての美しい街は、この10年で大きく変わったのだから。

私たちが最初に考慮すべきは、私たちの社会を機能させている勤勉で法律を守る市民の権利と安全である。

私がホワイトハウスに戻ったら、あらゆる手段、テコ、権限を駆使して、ホームレスを路上から排除する。私たちは彼らの面倒を見たいが、彼らは私たちの通りからいなくならなければならない。

彼らに必要な助けを与えるのではなく、不潔で汚らしい生活をさせることには何の思いやりもない。彼らを助ける専門家が必要なのだ。

ウクライナにかける費用のほんの一部で、アメリカ中のホームレスの退役軍人の面倒を見ることができる。退役軍人は酷い扱いを受けている。

同様に、大量の未熟練移民をなくすことで節約できる資金があれば、自国のこの危機に対処するための莫大な配当が得られるだろう。

私の戦略では、各州と協力し、可能な限り都市部での路上生活を禁止する。

この禁止令に違反した者は逮捕されるが、更生する意志があれば、治療やサービスを受け入れる選択肢が与えられる。彼らの多くはそれを望まないが、私たちは彼らに選択肢を与える。

そして、広大で安価な土地を開放し、医師、精神科医、ソーシャルワーカー、薬物リハビリの専門家を呼び寄せ、ホームレスが移転できるテント村を作り、彼らの問題を特定する。私たちは都市を再び開放し、住みやすく、美しくする。

一時的に運に見放された人々には、速やかに普通の生活に戻れるよう支援する。

依存症や薬物乱用、一般的な精神衛生上の問題を抱えている人たちには、治療を受けさせる。

また、重度の精神疾患や深い精神障害を持つ人々に対しては、彼らを本来の居場所である精神病棟に戻し、管理できるほどに回復したら社会復帰させることを目標とする。路上で起きていること、麻薬を大量に摂取していることなど、非常に厳しい課題だ。しかし、私たちは努力するつもりである。

この戦略は、ホームレスの根本的な問題に対処することなく、莫大な税金を費やしてホームレスを高級ホテルに住まわせるよりも遥かに優れており、費用も遥かに少なくて済む。

こうして私はホームレスの惨劇を終わらせ、私たちの都市を再び清潔で安全で美しいものにする。私たちはそれを実現する。アメリカを取り戻すのだ。

改革公約声明集

アメリカにおける退役軍人のホームレス問題に終止符を打つ

Agenda47-2023/11/01

Ending Veteran Homelessness in America

https://www.donaldjtrump.com/agenda47/agenda47-ending-veteran-homelessness-in-america

トランスクリプトの和訳

ペテン師ジョー・バイデンの下で、アメリカ政府は不法入国者や外国人移民を高級ホテルに収容するために10億ドル近くを費やしてきた。

多くの州では、不法滞在の外国人がアメリカの税金で豪遊しているため、ホテルの部屋数が足りなくなっている。一方、この国には3万3000人の退役軍人がホームレスになっており、非常に貧しい暮らしをしている。彼らは路上で不潔で汚く暮らしている。誰も彼らのために何もしていない。私たちは4年間、退役軍人をたくさん助けた。私たちが退役軍人のためにしてきたことはすべて水の泡だ。恥ずべきことだ。

ジョー・バイデンは、ホームレスの退役軍人よりも不法滞在の外国人を優先している。アメリカの退役軍人は偉大な人たちのひとりだ。彼らは偉大な、偉大な人々だ。彼らの面倒を見なければならない。

私が再選された暁には、この国家的スキャンダルを終わらせる。就任初日、私は大統領令に署名し、ジョー・バイデンによる不法滞在外国人の保護と移送のための巨額の資金供給を停止し、その節約分の一部

(非常に大きな部分であることを付け加えておく)を、ホームレスのアメリカ退役軍人の保護と治療に振り向ける。私は、来期末までにアメリカにおける退役軍人のホームレス状態を完全に根絶することを個人的な使命とする。退役軍人のホームレスを完全に撲滅することが私の個人的な使命であり、来期末までに退役軍人のホームレスを完全に撲滅することが私の個人的な使命だ。

国境はこれまでで最高の国境だった。私たちはエネルギー面で自立していた。間もなくエネルギー優位になる。我が国は絶好調だった。インフレもなかった。史上最高の経済だった。我々は退役軍人の面倒を見るつもりだ。

もしあなたが軍服を着てこの国に奉仕したのであれば、ジョー・バイデンや急進左派民主党が裏切ったようには、トランプ政権は決してあなたを裏切らない。彼らは本当に裏切っている。民主党に投票する者はとても愚かだ。とても、とても愚かだ。私たちは、アメリカの退役軍人が歩道で震えている間に、不法滞在の脱法者たちに究極の贅沢をさせるつもりはない。バイデンとは異なり、私たちの忠誠心は、国境を侵犯し不法入国した不法外国人には向かない。彼らは我々の主権を踏みにじったのだ。私たちの国境を守り、主権を守るために命を捧げた勇敢な男女にこそ、私たちは忠誠を誓う。私たちは退役軍人を大切にする。

改革公約声明集
AGENDA 47

Agenda47-2023/07/24

必須医薬品の生産をアメリカに戻し、バイデンの医薬品不足に終止符を打つ

Returning Production of Essential Medicines Back to America and Ending Biden's Pharmaceutical Shortages

https://www.donaldjtrump.com/agenda47/agenda47-returning-production-of-essential-medicines-back-to-america-and-ending-bidens-pharmaceutical-shortages

トランスクリプトの和訳

ペテン師ジョー・バイデンの下で、必要不可欠な医薬品の不足が壊滅的に増加している。昨年（２０２２年）は、年末までに新たな30パーセントの医薬品不足が発生し、２９５品目の医薬品が不足している。大変なことだ。

アメリカでは現在、少なくとも14種類の重要な抗がん剤が不足している。手に入らないのだ。そして、がん治療が１カ月遅れるごとに、死亡リスクは少なくとも10パーセント増加する。２０２３年のアメリカでこのようなことが起こっているとは考えられない。本当に信じられない。国境が開放され、選挙がうまくいかないことで、私たちは急速に第3世界の国になりつつある。我々は第3世界なのだ。

しかし、さらに危険なことに、私たちがアメリカで信頼している重要な医薬品のトップ生産国は中国なのだ。中国はイブプロフェンの95パーセント、ヒドロコルチゾンの91パーセント、タイレノールの70パーセント、ペニシリンのほぼ半分を生産している。想像でき

るだろうか？

これは単なる公衆衛生の危機ではなく、国家安全保障上の危機なのだ。中国から完全に独立するための私の計画の一環として、私たちは関税と輸入制限を段階的に導入し、すべての必須医薬品の生産を本来あるべきアメリカに戻すつもりである。私は２０２０年にこのプロセスを開始する大統領令に署名したが、バイデンは残念ながらそれを実行しなかった。彼はこのプロセスを終わらせたがっている。彼は中国の面倒を見たがっている。

これは非常に緊急な問題だ。アメリカ人の命がかかっており、大統領としての私の最優先事項の１つだ。それはまた、数え切れないほどの新しいアメリカ人の雇用を創出することにもなるだろう。

改革公約声明集
AGENDA
47

ドナルド・トランプ、人身売買犯に死刑を求刑

Agenda47-2023/07/21

President Trump Calls for Death Penalty for Human Traffickers

https://www.donaldjtrump.com/agenda47/agenda47-president-trump-calls-for-death-penalty-for-human-traffickers

トランスクリプトの和訳

私はベッドミンスター（ニュージャージー州）で、悪に打ち勝つ信仰の力、とりわけ子どもの人身売買という悪を描いた重要な新作映画『サウンド・オブ・フリーダム』の上映会を開催できて感激している。大きな問題があった。ほんの4年前までは、ここ何年かで最低の数にまで減少していたのに、今では一気に急増している。フェイクニュースメディアが無視しようとしているにもかかわらず。

『サウンド・オブ・フリーダム』は全国的なセンセーションを巻き起こし、興行的にも大成功を収めた。これは非常に重要な映画であり、非常に重要なドキュメンタリーである。本当に議論されなければならない問題を扱っている。

私のリーダーシップの下、私たちは人身売買と闘い、現代の奴隷制度を終わらせるために、歴史上どの政権よりも多くのことを行った。就任後最初の行動として、私は無実の人々を売買し搾取する国際犯罪組織を標的にした大統領令に署名した。私はフレデリック・ダグラス人身売買被害者防止・保護再承認法に署名し、性と労働の人身売買と闘うために4億3000万ドルを

承認した。

私は、人身売買をなくすための基準を満たしていない外国を取り締まる法案に署名した。私はまた、生存者を支援するプログラムを強化し、現代の奴隷制を終わらせるためにより多くの資源を提供する、人身売買廃止法にも署名した。

信じられないかもしれないが、現代でも奴隷制が行われている。さらに私は、人身売買対策のみに焦点を当てた史上初のホワイトハウス役職を創設し、恐らく最も重要なこととして、アメリカ史上最も安全な国境を作り、カルテルや人身売買業者に大きな打撃を与えた。何百マイルもの壁を建設した。何百マイルもの壁を改修した。そして、不法入国者から私たちを守るために、メキシコに2万8000人の兵士を無償で提供させた。

私がホワイトハウスに戻ったら、人身売買業者が弱い立場の女性や子どもを搾取するために利用しているバイデン政権の国境政策の悪夢を直ちに終わらせる。国境の安全を完全に確保する。ISISのカリフ制国家を壊滅させたように、私はカルテルに戦争を仕掛ける。政権が弱体化した今、彼らは戻ってくるだろう。

そして、国境を越えて子どもの人身売買で捕まった者は即刻死刑となるよう議会に働きかけ、女性もその対象とする。

エドゥアルド、ジム、ティム・バラード、そしてこの映画に関わったすべての人たちの素晴らしい努力と才能に感謝したい。共に人身売買の惨劇を終わらせ、人間の生命の尊厳を守ろう。

改革公約声明集
AGENDA ★★★ 47

Agenda47-2023/06/23

大手製薬会社に対抗し、世界的なフリーローディングを終わらせることで、アメリカ人を守る

Protecting Americans by Taking on Big Pharma and Ending Global Freeloading

https://www.donaldjtrump.com/news/b4deb8bb-15eb-4645-a1bb-e4cc2334b27f
(https://www.donaldjtrump.com/agenda47/agenda47-protecting-americans-by-taking-on-big-pharma-and-ending-global-freeloading　は本書執筆中にクローズを確認したため代替ＵＲＬを掲載)

トランスクリプトの和訳

捻くれたジョー・バイデンは、ビッグ・ファーマに立ち向かうふりをしたがるが、実際には、私は近代においてビッグ・ファーマに立ち向かった唯一の大統領であり、真正面から立ち向かった。バイデンはチャンスがあったにもかかわらず、私が製薬企業に課した厳しい政策を中止した。

私は大統領として、アメリカ政府が他の外国と同じ価格で医薬品を購入することを宣言する、歴史的な大統領令に署名した。それ以上は払いたくなかったのである。想像できるだろうか？　どれだけ簡単なことだろう。そうすればアメリカの患者は何十億ドルも節約できたはずだ。

しかし就任直後、ジョー・バイデンは私の大統領令を取り消し、患者やアメリカ市民、特に高齢者の背中を刺した。

長年にわたり、アメリカ人は処方薬に世界で最も高い価格を支払ってきた。その一方で、他国はアメリカの裏をかいて、全く同じ会社の同じ薬を遥かに安い価格で買うという、甘い取引をしてきた。これは外国の社会主義福祉制度への巨大な補助金である。

新任務の初日、私は大統領令に署名し、アメリカの消費者に対するこの世界的な便宜供与に終止符を打つ。

私の政策では、アメリカ政府は大手製薬会社に対し、外国が提示する最良（最底）の価格しか支払わないことを通告する。外国は長い間私たちを利用してきたため、アメリカは法外な料金を取られることにうんざりしている。

私たちは何十年もの間、皆から金をむしり取られてきた。もううんざりだ。彼らは私の最初の大統領令を取り消すべきではなかった。ビッグファーマの力を見せつけられただけだ。しかし、これによって大手製薬会社は、外国には価格を引き上げさせ、アメリカの患者には価格を大幅に引き下げることになる。高齢者、そしてすべてのアメリカ人患者にとって、大きな節約となる。

Agenda47-2023/12/22

ドナルド・トランプ、カルテルに宣戦布告

President Donald J. Trump Declares War on Cartels

https://www.donaldjtrump.com/agenda47/president-donald-j-trump-declares-war-on-cartels

トランスクリプトの和訳

フェンタニル、ヘロイン、メス、その他の致死性の薬物が、広く開かれた国境を越えて流れ込み、何十万人もの美しいアメリカ人の命を奪っている。子どもたちは両親を失ったまま置き去りにされている。家族は引き裂かれている。地域社会は壊滅している。私たちの隣人や市民は、自分たちの世界全体が破壊されようとしている。私たちの国は、麻薬やその他の犯罪によって内部から汚染されている。

麻薬カルテルはアメリカに戦争を仕掛けている。この戦争において、ジョー・バイデンはアメリカに敵対し、麻薬カルテルに味方している。カルテルはかつてないほど儲けている。こんなことはかつてなかった。彼らは大企業であり、我々の大企業をも凌ぐ規模なのだ。バイデンの国境開放政策は、我が国に対する致命的な裏切りだ。

私が大統領になれば、ISISやISISのカリフ制国家を崩壊させたように、カルテルを崩壊させることがアメリカの方針となる。実際、かつて我が国の国境は最強だった。麻薬は45年ぶりの低水準だった。ほんの2年前とは全く違う。麻薬カルテルに容赦はしない。

毎日、麻薬密売人たちは、私たちの地域の海域を利用して、致死性の毒物をアメリカに送り込み、多くの人々を殺害し、家族を崩壊させている。強力な国境警備を回復することに加え、私はアメリカ海軍を含む必要なすべての軍事資産を投入し、カルテルに全面的な禁輸措置を課す。私は以前それを行い、うまくいった。西半球の海域が、我が国への違法薬物の輸送に使われないことを保証する。

さらに私は国防総省に対し、特殊部隊、サイバー戦争、その他の表立った、あるいは秘密裏に行われる行動を適切に活用し、カルテルの指導部、インフラ、作戦に最大限のダメージを与えるよう命令する。

私は主要なカルテルを外国テロ組織として指定する。世界の金融システムへのアクセスを遮断する。

私はまた、この地域の近隣諸国政府とかつてないパートナーシップを築くために努力する。メキシコで私がしたように。メキシコだけでも、推定10万人の市民がカルテルによって殺害されたり行方不明になったりしている。メキシコ政府(大統領という非常に素晴らしい人物が運営している)は本当に懸命に働いているが、うまくいっていない。カルテルは凶悪で、暴力的で、メキシコを今のところ足止めしている。私たちはメキシコを助け、カルテルを阻止しなければならない。この脅威を食い止めるために他国政府の全面的な協力を得るか、あるいはカルテルの残忍な支配を許しているあらゆる賄賂、キックバック、ペイオフ、汚職を暴くかだ。そしてそれは実に残酷なことなのだ。

最後に、以前にも申し上げたように、私は議会に対し、麻薬密輸業者と人身売買業者に死刑を科すことを確実にする法案を可決するよう要請するつもりである。

麻薬カルテルとその同盟者であるバイデン政権は、数え切れないほど多くの人々の血を手にしている。何百万もの家族や人々が被害に遭っている。私がホワイトハウスに戻ったら、麻薬王と悪質な密売組織は二度と安眠できないだろう。私たちはかつて、誰よりもうまくやった。ほんの2年前ほど優れた国境はなかった。強く、力強く、世界中で尊敬されていた。そして今、私たちは世界中で笑われている。このままではいけない。私たちが引き継ぎ、タフになり、賢く、フェアにならなければならない。すぐに何かをしなければ、この国はなくなってしまう。

改革公約声明集
AGENDA ★★★ 47

Agenda47-2023/01/20

メディケアと社会保障を守ろう

We Must Protect Medicare and Social Security

https://www.donaldjtrump.com/agenda47/we-must-protect-medicare-and-social-security

トランスクリプトの和訳

いかなる状況においても、共和党はジョー・バイデンの無謀な支出のために、メディケアや社会保障から1ペニーたりとも削減することに賛成すべきではない。バイデンは連邦予算を吹き飛ばし、左翼の狂気と馬鹿げたグリーン・ニューディールに何兆ドルも浪費し、これはとてつもない問題であり恥ずべきことである。実際、刑務所や精神病院からやってくる移民がアメリカに垂れ流されているのに、私たちは何もしない。ほんの2年前までは、我が国には史上最も安全な国境があった。そして今は、おそらく世界史上最悪の国境がある。どこの国も今のようなことはしていないと思う。

バイデンの制御不能な支出をやめることは絶対に必要だが、その痛みを負うべきはワシントンの官僚たちであって、勤勉なアメリカ人家庭や高齢者たちではない。この2年間で、高齢者は絶対に悲惨な状態に置かれている。

腐敗した外国に流れている何千億ドルもの税金を削減せよ。私たちの社会的セーフティーネットを枯渇させ、国を破壊している不法滞在者の大量釈放を削減せよ。

軍から左翼的なジェンダー・プログラムを削減する。気候過激主義に費やされている数十億ドルを削減せよ。無駄、不正、濫用はどこにでもある。

しかし、高齢者がその生涯のために働き、支払ってきた給付金を削減してはならない。社会保障を守れ。破壊するな。民主党は社会保障を破壊しようとしている。私たちは彼らにそれをさせるつもりはない。

Agenda47-2022/12/15

ドナルド・トランプ ― 言論の自由政策イニシアティブ

President Donald J. Trump - Free Speech Policy Initiative
https://www.donaldjtrump.com/agenda47/president-donald-j-trump-free-speech-policy-initiative

トランスクリプトの和訳

言論の自由がなければ、自由な国とはいえない。簡単なことだ。この最も基本的な権利が失われることが許されるなら、私たちの他の権利や自由は、ドミノ倒しのように次々と倒れるだろう。

だからこそ今日、私は左翼の検閲体制を打ち砕き、すべてのアメリカ人のために言論の自由の権利を取り戻す計画を発表する。この場合、取り戻すという言葉は非常に重要だ。

ここ数週間で、ディープステートの官僚、シリコンバレーの暴君、左翼活動家、そして堕落した企業のニュースメディアからなる邪悪なグループが、アメリカ国民を操り黙らせるために共謀していたことが、爆弾のような報道によって確認された。彼らは選挙から公衆衛生に至るまで、あらゆる重要な情報を抑圧するために協力してきた。

検閲カルテルは解体され、破壊されなければならない。そしてここに私の計画がある。

まず、就任後数時間以内に、連邦政府省庁がいかなる組織、企業、個人とも結託して、アメリカ市民の合法的な言論を検閲、制限、分類、妨害することを禁止する大統領令に署名する。そして、国内の言論に「誤報」や「情報操作」のレッテルを貼るために連邦政府の資金が使われることを禁止する。そして、国土安全保障省であれ、保健福祉省であれ、FBIであれ、司法省であれ、直接的であれ間接的であれ、国内検閲に関与した連邦官僚を特定し、解雇するプロセスを開始する。

第2に、私は司法省に対し、絶対的に破壊的で恐ろしい新しいオンライン検閲体制に関与するすべての関係者を調査し、特定されたあらゆる犯罪を積極的に訴追するよう命じる。これには、連邦市民権法、選挙資金法、連邦選挙法、証券法、反トラスト法、ハッチ法、その他多数の潜在的な刑事、民事、規制、憲法違反の可能性が含まれる。これらの取り組みを支援するため、私は下院共和党議員に対し、バイデン政権、バイデン陣営、そしてシリコンバレーのハイテク大手各社に対し、検閲の証拠を隠滅しないよう命じる保全文書を直ちに送付するよう求めている。

第3に、私が大統領に就任した暁には、230条を改正する法案を議会に提出し、大手オンライン・プラットフォームを検閲ビジネスから撤退させるよう要請する。今後、デジタル・プラットフォームは、中立性、透明性、公平性、無差別性の高い基準を満たした場合にのみ、第230条に基づく免責保護を受ける資格を得るべきである。私たちは、これらのプラットフォームに対し、合法的な言論を恣意的に制限する力を劇的に抑制する一方で、児童性的搾取やテロリズムの助長といった非合法なコンテンツを取り締まる努力を強化するよう求めるべきである。

第4に、いわゆる〝誤報〟や〝偽情報〟に取り組むという偽りの口実のもとに生まれた、有害な検閲産業全体を解体する必要がある。連邦政府は、この権威主義的プロジェクトを支援するすべての非営利団体や学術プログラムへの資金提供を直ちに停止すべきである。もしアメリカの大学が過去に検閲活動や選挙妨害に関与していたことが発覚した場合（ソーシャルメディアのコンテンツに削除フラグを立てたり、ブラックリストに載せるなど）、それらの大学は5年間、あるいはそれ以上の期間、連邦政府の研究費と連邦政府の学生ローン支援を失うべきである。私たちはまた、民間団体と組んで憲法を回避し、アメリカ人から憲法修正第1条、第4条、第5条の権利を奪う、連邦官僚に対する明確な刑事罰を定めた新しい法律を制定すべきである。つまり投票権を奪うのだ。そして選挙権を失い、国境を失えば、もはや国はない。さらに、主要なプラットフォームが元ディープステートのメンバーや諜報関係者の軍団によって浸透されているという問題に立ち向かうために、FBI、CIA、NSA、DNI、DHS、国防総省の職員が、膨大な量のアメリカのユーザーデータを保有する企業に就職することを許可される前に、7年間の冷却期間を設けるべきである。

第5に、ついに議会がデジタル権利章典を可決するときが来た。言い換えれば、政府関係者がオンラインコンテンツを削除するには、FBIがX（旧ツイッター）に送っていたような情報開示請求ではなく、裁判所の命令が必要なのだ。

さらに、大手のオンラインプラットフォームのユーザーが、どのような名前を使っているかにかかわらず、コンテンツやアカウントを削除されたり、スロットルされたり、シャドウバンされたり、その他の制限を受けたりした場合、それが起こっていることを知らされる権利、その理由の具体的な説明を受ける権利、タイムリーに不服を申し立てる権利を持つべきである。さらに、18歳以上のすべてのユーザーは、コンテンツのモデレーションやキュレーションを完全にオプトアウト（拒否通知）する権利を持つべきであり、そう選択すれば、操作されていない情報の流れを受け取ることができる。

言論の自由のための戦いは、アメリカにとって、そして西洋文明そのものの存続にとって、勝つか死ぬかの問題である。私が大統領になれば、この検閲と情報統制の腐ったシステム全体が、システム全体から切り離されるだろう。何も残らないだろう。

言論の自由を取り戻すことで、私たちは民主主義を取り戻し、国を救う。アメリカに神の祝福を。

改革公約声明集

アイオワ州フェアグラウンドでアメリカ独立２５０周年を祝う

Agenda47-2023/05/31

Celebration of 250 Years of American Independence at the Iowa State Fairgrounds

https://www.donaldjtrump.com/agenda47/celebration-of-250-years-of-american-independence-at-the-iowa-state-fairgrounds

トランスクリプトの和訳

今から3年後、アメリカは我が国の歴史において最大かつ最も重要な節目、アメリカ独立２５０周年を迎える。なんと素晴らしい国だろう。我々はそれを維持しなければならない。しかし、だからこそ国家として、最も華やかな誕生パーティの準備をしなければならない。史上最高のものにしたい。１７７６年のアメリカ建国を、それにふさわしい素晴らしい記念日にするための私の計画がここにある。

大統領就任初日、私はホワイトハウスのタスクフォース「Salute to America 250」を招集する。このタスクフォースは、州政府や地方自治体との調整を担当し、1日だけの祝典ではなく、２０２５年のメモリアルデーから２０２６年の7月4日まで、1年を通して全アメリカで祝典が開催されるようにする。

第2に、私は共和党・民主党を問わず、50州すべての知事と協力し、50州のパビリオンを集めたユニークな1年間の展示会「グレート・アメリカン・ステート・フェア」を創設する。それは素晴らしいものになるだろう。グレート・アメリカン・ステート・フェアは、連邦の各州の栄光を紹介し、私たちの歴史に対する誇りを促進し、アメリカの未来に対する革新的なビジョンを打ち出すものである。

私の希望は、アイオワ州の素晴らしい人々が私の政権と協力して、伝説的なアイオワ州のフェアグラウンドをグレート・アメリカン・ステート・フェアの開催地として開放し、この一度きりの特別な祭典のために世界中から何百万人、何千万人もの訪問者をアメリカのハートランドに迎えてくれることである。

我々は共にこれを建設し、来訪者を迎えるのである。

第3に、グレート・アメリカン・ステート・フェアと並行して、高校生のアスリートを対象とした大規模なスポーツ・コンテストを開催する。全アメリカの素晴らしい高校から集まった素晴らしいアスリートたちだ。このパトリオット・ゲームズでは、各州の若いアメリカ人が、アメリカの最高の技術、スポーツマンシップ、競争心を披露することができる。

第4に、私は大統領令に署名し、私たちが強く望んでいる「ナショナル・ガーデン・オブ・アメリカン・ヒーローズ」を建設し、史上最も偉大なアメリカ人を称《たた》える、この新しい彫像公園を彩る最初の100体の彫像を芸術家に依頼する。

第5に、私は大統領として、建国250周年を記念して世界各国の指導者や市民をアメリカに招待する。それは素晴らしいものになるだろう。アメリカの観光産業は、多くの人々が訪れることになるのだから、準備を整えるべきだ。記念すべき年になるだろう。

そして最後に、そして最も重要なことだが、アメリカの偉大な宗教団体にお願いしたいのは、この記念すべき日を迎えるにあたり、私たちの国家と国民のために祈ってほしいということだ。当初から、アメリカは祈りと信仰共同体によって支えられ、強化されてきた国である。次の250年に向けて進路を描くにあたり、私たちは共に集い、神の下にあるひとつの国として再誓約しようではないか。

このパートで取り上げる「プロジェクト2025」のポイント

◆生命、良心、身体的完全性を保護する。

◆患者の選択と医療提供者の自律性を強化する。

◆安定した豊かな結婚家庭の促進を行う。

◆健康上の緊急事態に備える。

◆透明性、説明責任、監視を強化する。

周知のように、アメリカでは民間の保険に加入することが基本である。加入していないと医療費は非常に高額になる。また、毎月の保険料も高額だ。10パーセント近いインフレなどで社会は混乱、生活基盤が失われた人々を受け入れる医療機関も逼迫《ひっぱく》し、十分な水準の医療サービスの提供が難しくなっている。そして、COVID-19のパンデミックで平均寿命も急激に低下している。

この状況の改善のために、妊娠から自然死までの全国民の医療ニーズをカバーするとともに、経済的・社会的な問題に直面している個人や家族に適切な医療を提供するという。特にアメリカの医療制度の全体的な改善が提唱されており、保健福祉省の改革が焦点となっている。

Project
2025

Project2025_SECTION3-14_p449

一般の福祉：保健福祉省

THE GENERAL WELFARE: DEPARTMENT OF HEALTH AND HUMAN SERVICES

—— *Roger Severino*

「Mandate For Leadership」から関連部分を要約・和訳

★保健福祉省の改革

倫理的な医療行為、個人の権利の尊重、そしてアメリカの医療制度の全体的な改善を確保するために、保健福祉省（ＨＨＳ）内で必要な改革について、様々な主要分野にわたって包括的に紹介している。

① 生命、良心、身体的完全性の保護

- 受胎から自然死までの生命を守ることの最重要性を強調する。
- 出産前のケア、養子縁組のリソース、終末期のケアなど、あらゆる段階において人間の生命の尊厳を支える政策を優先するよう求める。
- 医療従事者が自らの信念に沿った医療を実践できるよう、良心の権利をしっかりと尊重する必要性を強調する。
- インフォームド・コンセントを確保し、搾取や虐待から保護する。

② 患者の選択と医療提供者の自律性を強化する

- 患者中心の医療を優先するため、患者と医療提供者

の意思決定の共有を促進することを提案する。

●患者が十分な情報を得た上で選択し、競争を促進できるよう、医療価格の透明化を推奨する。

●患者の利便性と効率性を高めるため、遠隔医療サービスへのアクセス拡大を提唱する。

●医療提供者の管理負担を軽減し、患者のケアにより多くの時間を割くことを求める。

●包括的で協調的なケアを提供するために、学際的なケアモデルを推進することを提案する。

③ 安定した豊かな結婚家庭の促進

●全般的な健康と社会福祉のために、安定した夫婦関係と家族の幸福を支えることの重要性を強調する。

●夫婦が効果的なコミュニケーションスキルを身につけ、葛藤を解決し、仕事と家庭の責任を両立できるようにするためのイニシアティブを推奨する。

●経済的不平等に対処し、積極的な子育ての実践を促進し、リスクのある家族に支援サービスを提供する政策を求める。

④ 次の健康上の緊急事態に備える

●将来の健康上の緊急事態の影響を軽減するために、準備態勢と対応能力を強化する必要性を強調する。

●連邦、州、地方の医療機関間の連携を強化し、医療情報システムの相互運用性を高めることを提言する。

●医療専門家の訓練と教育に投資し、準備態勢を監視、評価する強固なシステムを確立することを提唱する。

⑤ 透明性、説明責任、監視の強化

●規制の掌握を図り、機関の有効性を確保するために、透明性、説明責任、監視の重要性を強調する。

●意思決定プロセスの透明性を高め、独立した監視機関を設置し、個人に対する説明責任を強化することを提言する。

●信頼構築と医療サービス向上のため、明確な利益相反政策と、意思決定プロセスへの一般市民の関与の強化を提唱。

このパートに登場する「Mandate For Leadership」の執筆者・編者について

⍟ロジャー・セヴェリノ／ *Roger Severino*

前・共和党トランプ政権下で、2017～2021年に米国保健社会福祉省の公民権局（OCR）の局長を務めたアメリカの弁護士。現在は倫理・公共政策センターの上級研究員であり、「プロジェクト2025」のメンバーとして、中絶を含む医療政策に関する寄稿を行っている。

PART 11

日本を待ち受ける平坦ではない道

シンクタンクによるレポートと日本政府の動き

日本とアメリカは対等な同盟関係ではない。日本の政権とその政策には、アメリカの強い意向が反映されている。その意向にそぐわない政策を実行すると、アメリカの強い圧力があり、政権の運営さえ難しくなることも多い。

圧力をかけてくるのは、アメリカの歴代政権で外交政策と安全保障政策を立案している軍産複合体の利害を代表する集団である。在日アメリカ軍を統括している「インド太平洋軍司令部」や、「ネオコン」と呼ばれる安全保障系のグループもその一部であると考えていい。こうしたグループが、首都ワシントンに拠点のあるシンクタンクに結集、立案した政策を歴代政権に提案するのである。

特に日本に対応するものとして、通称「ジャパン・ハンドラー」というグループがある。そこには、リチャード・アーミテージ、ジョセフ・ナイ、マイケル・グリーン、カート・キャンベル、ジェラルド・カーティスなどといった人物の名前が並び、彼らの多くは「戦略国際問題研究所（CSIS）」というシンクタンクに結集している（シンクタンクの研究員はやがて閣僚になっていく）。そこから日本に向けて出されるレポートはアメリカの意向を伝えるものだ。対日外交政策として、また日本の歴代の政権に対して、影響力を持っているというわけである。

シンクタンクがこれまでどんなレポートを日本に提出し、それに対して日本がどう動いてきたのか、いくつかのレポートを挙げて見てみよう。

CSISによるレポート

2014年10月3日

安倍の危険な愛国主義：なぜ日本の新しいナショナリズムは地域と日米同盟に問題となるのか

Abe's Perilous Patriotism: Why Japan's New Nationalism Still Creates Problems for the Region and the U.S.-Japanese Alliance

https://www.csis.org/analysis/abes-perilous-patriotism-why-japans-new-nationalism-still-creates-problems-region-and-us

これは当時、安倍政権のナショナリズムが、東アジア地域の安全保障および日米同盟を損なう可能性を警告したレポートだ。そこには次のような警告がある。

「残念ながら現在の東アジアの情勢では、安倍のナショナリズムはアメリカにとって大きな問題である。もし安倍のナショナリズムが東シナ海において不必要に中国を挑発したりするならば、信頼できる同盟国というワシントンの日本に対する見方を損なう恐れがある」

これを回避するために韓国との間にある「従軍慰安婦」の問題を解決するように提案をする。

「もし安倍の『従軍慰安婦』やその他の問題に対する姿勢が東京とソウルとの協調を損なう

のであれば、この地域の軍事的な不確実性に対処するアメリカの能力を弱め、同盟の強化に向けたアメリカの外交努力を損ねることになりかねない。（中略）東京はこれらの政治問題の重要性をよく認識し、可能な分野で歴史問題の緊張を和らげる努力をすることは重要だ。（中略）これは特に日韓関係で重要である。もし日韓両国が前向きであれば、大きな前進が期待できる。日本が発揮する柔軟性は、日本の保守層がナショナルプライドを放棄することにはならない」

つまり安倍政権のほうから動き問題を解決せよ、ということである。安倍政権の反応は早かった。このレポートが発表された3週間後、日本政府は「国家安全保障会議」の谷口氏を特使として韓国に派遣し、この問題の解決の糸口を探った。その後、日韓、日中は外相レベルの会談を実施し、懸案だった日韓並びに日中韓の首脳会談が実現した。

そして２０１５年12月、協議を重ねた日韓両国は慰安婦問題の最終的かつ不可逆的な解決を確認した「慰安婦問題日韓合意」を締結した。もちろんこの合意は、残念ながら次のムン・ジェイン政権によって破棄されたものの、この当時は懸案だった慰安婦問題の最終的な解決として高く評価されたのである。

CSISによるレポート

2020年7月30日

日本における中国の影響：どこにでもあるが特定のエリアはない

China's Influence in Japan: Everywhere Yet Nowhere in Particular
https://www.csis.org/analysis/chinas-influence-japan-everywhere-yet-nowhere-particular

2020年8月28日、安倍首相は持病の潰瘍性大腸炎の再発を理由に突然と辞意を表明し、第4次安倍内閣は総辞職した。その少し前に提出されたのがこのレポートである。これは安倍政権下における中国の影響力を文化的、政治的、経済的な側面から調査・分析したものとなっている。

中国はアメリカやヨーロッパをはじめ、あらゆる国々に経済的、政治的、そして文化的な影響力を強化する政策を実施しており、その多くはかなり成功している。例えば、中国政府が世界各地に開設した文化センター「孔子学院」は、特にヨーロッパ諸国で中国の文化的な影響力の拡大に貢献している。

このレポートは、そうした中国の影響力が日本においては限定的であるとしながらも、日本の政界における中国の影響については一部懸念を表明している。中国の影響下にある親中派の政治家や高官が、安倍政権の内部にいて中国寄りの政策を実施しているという批判だ。レポートには次のようにある。

「秋元司議員は自民党内部の親中派、二階派に所属している。この派閥は、別名『二階・今井派』とも呼ばれている。内閣総理大臣補佐官で元経産省官僚の今井尚哉は、中国、並びにそのインフラ建設の計画にはソフトなアプローチを採るべきだと安倍首相を説得した。また、元和歌山県知事で和歌山の動物園に5匹のパンダを持ってきた二階幹事長は、２０１９年４月には特命使節として中国に派遣され、習近平主席と会見した。そして、アメリカの(反対)意見にもかかわらず、日本が中国の『一帯一路』に協力すべきだと主張した。二階は習近平主席の訪日も提唱した」

レポートが出されたすぐ後の8月、タイミングを合わせたかのように、安倍首相辞任の可能性を探る記事や情報が急に増えた。こうした流れを見ると、辞任という動きがレポートに対応したものである可能性は低くないと思われる。

CSISによるレポート

2024年7月11日

日米安全保障パートナーシップの進化

The Evolution of the U.S. - Japan Security Partnership

https://features.csis.org/evolution-of-the-us-japan-security-partnership/

岸田首相が総裁選立候補断念を表明する1カ月と少し前に出されたのがこのレポートである。これはかなり短いもので、戦後の日米同盟の経緯を振り返りながら、2024年以降の同盟関係を展望したものである。結論には以下のようにある。

「日米両国は、インド太平洋の安定と秩序を維持するため、2国間および他のパートナーとの間で、より統合された同盟関係を構築している。憲法第9条をはじめとする重要な制約にもかかわらず、日本は吉田ドクトリンから脱却し、国と地域全体の安全を確保するために防衛への投資をさらに増やしていくだろう。戦後の日米同盟の歴史が何らかの指針になるとすれば、このプロセスは、将来その秩序を損ないかねない新たな課題に対応して進化し続けるだろう」

さて、この内容を見ると、憲法9条の制約のもと、専主防衛によって軽武装にとどめ、経済成長に専念する「吉田ドクトリン」から日本を脱却させ、自衛隊をアメリカ軍と一体化させて、日本をアメリカの世界戦略に統合する過程を明白に示している。そして、この過程では、憲法9条の存在がさらなる統合への障害になっていることが示されている。

このレポートが、岸田首相の総裁選立候補辞退の直接的な引き金になっているかどうかは分からない。ただ、憲法9条の改正がない限り、自衛隊をアメリカ軍にさらに統合して一体的に運用するという次の段階に進むのは困難だと見ている可能性は大きい。支持率が低迷した岸田政権では憲法改正はまったく望めないため、CSISのジャパン・ハンドラーが憲法改正ができる政権への交代を望んだという可能性も十分考えられる。

このように見ると、「ジャパン・ハンドラー」の歴代の日本の政権に対する要所要所での影響力が決して小さいものではないことが分かるだろう。

では彼らは、石破政権をどのように見ているのだろうか？　周知のように石破首相は、外交安保分野では持論の日米地位協定改定と「アジア版NATO」構想、核兵器のアメリカとの共同運用などを主張している。これは、既存の日米同盟の内容に大きな変更を加えるものである。

現時点ではまだCSISから石破政権に向けたレポートは出ていない。けれども、CSISのサイトには既に石破政権の政策を紹介しているページがあり、そこには次のように書かれている。

CSISによるレポート　2024年9月27日

石破茂：日本の新リーダー

Ishiba Shigeru: Japan's New Leader
https://www.csis.org/analysis/ishiba-shigeru-japans-new-leader

「石破氏は選挙期間中、在日米軍の地位協定（SOFA）の見直しを提案するなど、日米同盟について言及しており、2国間同盟における非対称性を問題視する立場から、その限界を押し広げる可能性もある。日本の防衛力と産業基盤の強化を目指す取り組みを長年支持してきたことから、日本の安全保障におけるアメリカへの依存を減らそうとする本能的な傾向があるかもしれない」

この中には石破政権に対する批判はないものの、ちょっとした警戒感が滲《にじ》み出ている。しかし、石破首相誕生の直後に出された記事では、「ジャパン・ハンドラー」のメンバーが石破首相の危険性を指摘するコメントが出ている。

POLITICOによるレポート2024年9月29日

日本の新首相がアメリカにとって意味すること～石破茂の予想外の台頭が東京の政治情勢を揺るがす？そしてワシントンとの関係も

What Japan's New Prime Minister Means for the US
Shigeru Ishiba's Unexpected Ascendance Shakes up the Tokyo Political Scene — and Relationship with Washington.
https://www.politico.com/news/magazine/2024/09/29/japans-prime-minister-ishiba-00181546

「石破は日米両国のエスタブリッシュメントが望むよりも、より破壊的な考えを表明している。彼は在日米軍再編協定の改定を求め、第3のレールに近付いた。また、平和主義に関する憲法規定の改正を望むことで、別のレールにも近付いた。さらに、日本をアメリカの安全保障上の属国から対等な同盟国へと変えるアジア版NATO構想についても語っている」

「『彼はアメリカにとって問題となる可能性がある』と、コロンビア大学の元日本研究者で、現在は日本で多くの時間を過ごすジェラルド・カーティス氏は言う。ワシントンで屈指の日本ウォッチャーであるケン・ワインスタイン氏が『彼は、アメリカとの同盟関係は時代遅れであり、占領の匂いがすると考えている』と私にテキストメッセージで伝えたように、石破は『主要な候補者の中で最もアメリカ人にとって読みにくい』人物である」

ちなみにジェラルド・カーティスは「ジャパン・ハンドラー」の大御所であり、ケン・ワインスタインは「ネオコン」を支持、そして近い関係にある「ハドソン研究所」の日本部長である。これを見ると、石破首相は「ジャパン・ハンドラー」と「ネオコン」から危険視された存在であることが分かる。

今「ネオコン」や「ジャパン・ハンドラー」などの軍産複合体系のグループは、ハリスを全面的に支持している。民主党のハリスが大統領になると、外交政策はこのグループが立案することになるだろう。

もしそのときに、石破政権が日米地位協定改定と「アジア版NATO」構想、核兵器のアメリカとの共同運用などの方針を追求しているならば、石破政権はアメリカからの予想以上に強い批判と圧力にさらされ、辞任を迫られることにもなりかねない。一方、小泉進次郎氏はコロンビア大学出身であり、CSISの研究員だった、「ジャパン・ハンドラー」に育てられた人物である。石破首相の辞任後は、小泉氏が首相になる方向に誘導されるということも考えられる。


では、民主党のハリスではなく、共和党のトランプが大統領に選出されたらどうなるのだろうか?

2024年7月13日、ペンシルバニア州、バトラーのトランプラリーで演説していたトランプが銃撃され、日本でも大きなニュースとして報道された。シークレット・サービスに囲まれ、右耳の一部から出血したトランプがこぶしを上げて立ち上がり「ファイト!」と観客に叫ぶ映像は凄まじい勢いでインターネット上で拡散され、アメリカを率いる強いリーダーというトランプの印象を強めることになった。

この銃撃事件は、ほんのちょっとしたタイミングのずれでトランプが命拾いしただけにすぎない。彼が奇跡的に助かったことが明らかであることから広がったのが、トランプこそがアメリカを救い、本来の姿に戻すために神が遣わせた使命のある人物であるというトランプ神格化の動きだ。

これまでトランプに対して慎重な姿勢を見せていた人物にイーロン・マスクがいるが、銃撃事件以後はトランプへの全面的な支持を表明し、毎月71億円の寄付を共和党のトランプ陣営に行うと約束した。また、ウォール・ストリートの大御所で民主党の熱烈な支持者であるビル・アックマンは、自分がこれからトランプを支持するということをSNSで宣言した。その流れに乗ってか、民主党のエリートの家系出身で独立系候補として大統領選に立候補していたロバート・ケネディ・ジュニア（RFK Jr.）が共和党トランプ陣営に参加。トランプが大統領になったときには、政権での高官のポストが約束されているようである。

共和党大会のトランプはこれまでの闘争的なスタイルはなく、静かで神妙な態度だった。暗殺を奇跡的に逃れることのできたトランプこそ、堕落した現代のアメリカを「マタイによる福音書」に予言された「丘の上の町」として、本来の軌道に引き戻すことのできる救世主なのだと見る支持者たちもおり、トランプ自身も今は神の奇跡を強く感じているのかもしれない。

このように、暗殺未遂事件以降、トランプの支持はいわば熱病のように拡散しているわけだが、気になるのはその動きが海を超えた日本でも見られている点だ。

アメリカとはまた違った流れではあるが、ネット上の陰謀論者やスピリチュアル系の人々の間では、トランプこそがエリートに支配され腐敗した現代の資本主義社会から、民衆を救うための救世主だとみる傾向が強い。なかには、トランプが勝利したら、国際司法裁判所（ＩＣＣ）の国際協定の下、国民の借金をすべて無効にする徳政令である「ＧＥＡＳＲＡ（ジスラ）」なるものが実行され、国民に現金が還付される、などという話を信じている人たちもいるようだ。

けれども、ここまで「アジェンダ47」と「プロジェクト２０２５」という超保守的な改革プランについて眺めてきたなら、神格化されたトランプがすべての問題を解決してくれるという簡単な話ではない、ということが分かるだろう。

民主党のハリスが勝利すると、バイデン政権の政策と方針がそのまま踏襲されるため、今が私たち日本人にとって生きやすい状態であるかどうかは別として、恐らく日本の状態が大きく変化することはないと思われる。しかし、トランプが勝利したときに用意されている公約の中心は、連邦政府の大幅な縮小、5万人のキャリア公務員の解雇と置換、大統領独裁制とも呼べる体制への転換、アメリカ第一主義の保護貿易、同盟国との関係を見直し世界への関与から撤退、FRBを改革して金本位制を実施といったものだ。アメリカ国内での批判も強いことから、今のところどこまで実施されることになるかは分からないが、もしこれらが実施されたなら、政治・経済の世界秩序に甚大な影響があり、もちろん日本もそれを逃れることはできないはずである。日米安全保証条約の見直し、在日米軍への大幅な予算の増額要求、極端なドル高と円安、保護関税の適用による日本製品のアメリカ市場からの締め出しなどが行われてもおかしくない。

石破首相は、日米地位協定の改定や核の共同保有、アジア版NATOなどの構想を進め、アメリカに隷属した日米同盟の対等なパートナーシップへの引き上げを目標にしている。これは、各国との同盟関係を再考し、各国の防衛をアメリカではなく、それぞれの国に任せて、世界への関与から撤退する孤立主義を目指す共和党トランプ政権とは親和性のある方向ではないかと思う。共和党トランプ政権の成立は、アメリカとの対等なパートナーシップを構築して日本の独立を見据える石破首相にとっては千載一遇のチャンスになるかもしれない。

そうした流れが、果たして私たちの生活を豊かにしてくれるかどうかは分からないが、アメリカという国が今回どちらの道を選択しようとも、日本の進む先にもタフな課題が待っていることは間違いないだろう。

おわりに

トランプ家の宗教は代々プロテスタントの長老派である。だがこれは、自分の家の宗教が「長老派」であったというだけで、これまでトランプが長老派の教えを熱心に信仰したことはないし、彼が信心深いのかと聞かれれば、そうではないと答えられるだろう。

そうしたトランプのメンタリティーに変化が見られるようになったのは、２０２４年7月13日の暗殺未遂事件以降のことだ。この時のトランプは、暗殺されていたとしても全くおかしくない状況であったが、一瞬のタイミングのずれで命を落とさずに済んだのである。

暗殺未遂事件の直後、トランプは自らのＳＮＳ「トゥルース・ソーシャル」に一想像を絶する事態を防いだのは神のみである。私たちは恐れず、その代わりに信仰を堅持し、邪悪なものに対して反抗的であり続けよう」と投稿した。また、「ニューヨークポスト紙」のインタビューでは、「私はここにいるべきでなく、死んでいるべきなのだ。運が良かったのか、それとも神のおかげなのか、多くの人が神のおかげだと言っている」と述べている。

こうした投稿や発言を見ると、神を感じることでトランプ自身の根本的な部分に何かしらの変化があり、アメリカという国を牽引《けんいん》する役割を果たす人間として、神から自分に与えられた使命と責任を、以前より一層真剣に考えるようになったようにも思えてしまう。

しかし、このことは、アメリカ人、あるいは世界中の人を幸せにするかもしれないし、しないかもしれない。

先日、『シビル・ウォー アメリカ最後の日』を映画館で観る機会を得た。内容は多くの記事や予告編などで知っていたものの、その衝撃は予想を超えるものだった。分断したアメリカが内戦状態に突入するといったテーマの本を読んだことはあるが、活字と映像から届く情報の違いを改めて実感することができた。
この映画はあまりにリアルだ。臨場感のあふれる音響効果で、観客を戦場に引き込む迫力がある。内戦の厳しい状況や悲惨さを実体験できるような作品で、今のアメリカの危うさを肌で感じ、一般人の恐怖と不安に共感して、きっと真摯に向き合うことができるだろう。

アメリカの国民が抱くこのような危機感を、これからのアメリカ自体がどのように払拭していくかは分からない。決意も新たに、覚悟を決めたように見えるトランプと共和党陣営による改革プランが、悪い形ではなくいい形でのブラックスワン（予測できず、非常に強い衝撃をもたらす事象）を呼び込むように願うばかりである。

2024年　秋　高島　康司

高島 康司　Yasushi Takashima

世界情勢アナリスト、著述家、教育産業コンサルタント。早稲田大学卒業。北海道札幌市で生まれ、子ども時代を日米両国で過ごす。在学中に、アメリカ・シカゴ近郊のノックス大学に公費留学。帰国後、教育産業のコンサルティング、異文化コミュニケーションの企業研修などのかたわら、国際情勢分析、ビジネス書、並びに語学書を多数発表。実質的英語力が身につく書籍として好評を得ている。様々なシンクタンクの予測情報のみならず、陰謀論といったイレギュラーな方法などにも注目し、社会の変動のタイムスケジュールを解析。その分析力は他に類を見ない。現在、メルマガ「未来を見る！『ヤスの備忘録』連動メルマガ」（https://www.mag2.com/m/P0007731）を配信中。主な著作に『2020 年アメリカは分裂する！』（小社刊）『「資本主義 2.0」と「イミーバ」で見た衝撃の未来』（ヒカルランド刊）、『日本人が知らないグレート・リセット６つの連鎖』（徳間書店刊）、他多数。

http://ytaka2011.blog105.fc2.com

https://x.com/ytaka2013

ドナルド・トランプと共和党のＲＥ：アメリカ改革

Donald John Trump
Republican Party
United States of America
Conservatives
Manifesto

AGENDA47
PROJECT2025

2024年12月7日　第1版　第1刷　発行

著者　高島 康司

発行者　大森 浩司
発行　株式会社ヴォイス（出版事業部）
〒106-0031
東京都港区西麻布 3-24-17 広瀬ビル
☎ 03-5474-5777（代表）
📠 03-5411-1939
www.voice-inc.co.jp

デザイン　三宅 理子
校正　野崎 清春

印刷・製本　映文社印刷 株式会社

Printed in Japan
ISBN　978-4-89976-581-3　C0011

★ ★ ★ ★ ★
★ ★ ★ ★ ★
★ ★ ★ ★ ★

2020年アメリカは分裂する！

我々は、まだ裏のアメリカ「オルト・アメリカ」を知らない。アメリカはすでに内戦状態だ！

高島 康司 著

ISBN 978-4-89976-474-8

アメリカは2020年代に南北戦争以来の大混乱期に入り、国家としての体をなさなくなる可能性が高い。アメリカ国内が内戦状態になれば、秩序の形成に依存する世界の各地域では力の空白が生じ、新たなバランス・オブ・パワーへの形成へと向かうだろう。

お求めは、お近くの書店、または楽天ブックス（0120-29-9625）へ

高島康司の未来激変！！
2019 〜 2024

数年で世界の風景は一変！
私たちは今、大きな歴史の「転換点」にいる。

高島 康司 著

ISBN 978-4-89976-486-1

世界を裏で操る「シンクタンク情報」から、「未来から来た予言者」まで、世界情勢、経済・投資、予言、陰謀論といった、ありとあらゆる情報源から、激変する私たちの未来を鋭く予測。激震は日本へも。新しいテクノロジーはどんな大きな発展をもたらすのか？

お求めは、お近くの書店、または楽天ブックス（0120-29-9625）へ

スピリットウォーカー

時空を超えた未来からのメッセージ

ハンク・ウェスルマン 著
真野 明裕 訳

ISBN 978-4-89976-420-5

5000年後の人類・文明・地球の姿は私たちの想像を遥かに超えた世界だった――。全米でベストセラー、世界中で翻訳され話題を呼んだノンフィクション。世界的な人類学者・著者のハンク・ウェスルマン博士が見てきたという未来の地球とは？

元気は、ためられる

人生にポジティブな充電をもたらすのは他人の役に立つ生き方だった。

トム・ラス 著　坂東智子 訳

ISBN 978-4-89976-446-5

著書累計６００万部超え！　人間の行動と幸せについて調査と研究を続けてきたビジネスコンサルタントが膨大なデータを元に「人の幸せ」を分析。どんな行動が私たちの人生を充実させるのか？

お求めは、お近くの書店、または楽天ブックス（0120-29-9625）へ